Elemen
diritto trik

Yoseph Edrey
(traduzione di Marco Greggi)

ISBN 978-0-244-06465-5

Prima edizione
Università di Ferrara, Dipartimento di giurisprudenza
27 Gennaio 2018

3

7

Premessa

Cosa portò uno dei padri fondatori della Rivoluzione Americana a comparare la morte alle tasse perchè entrambi considerati come eventi inevitabili ? Perché le imposte sono un istituto essenziale in ogni nazione, democratica e non ? Perché anche nell'era moderna un'imposta è vista più come una sanzione, una pena da pagare, e non come una nobile espressione del vivere insieme per finanziare obiettivi sociali ed economici ? Come definire una "imposta" o una "tassa" in uno Stato Moderno? Perché dobbiamo pagare imposte allo Stato ? E ci sono limitazioni al suo potere impositivo ? È vero che le imposte riducono la nostra ricchezza individuale e sociale ? Quando l'imposta diventa una espropriazione e quando invece un corrispettivo onesto e ragionevole, per l'acquisto di servizi e beni pubblici ?

Tutte queste domande toccano temi che dovrebbero essere discussi in dibattiti pubblici, quando si ha a che fare col bilancio dello Stato, la finanza pubblica, la politica fiscale e la legislazione tributaria.

L'imposta è l'espressione economica del contratto sociale, al quale tutti noi aderiamo. Allo stesso tempo, il diritto tributario è anche il più raffinato strumento, nelle mani dei legislatori fiscali, per ridurre il prezzo che noi dovremmo pagare per i beni e i servizi pubblici.

L'obiettivo di questo piccolo libro è di colmare una lacuna, e di offrire ai lettori, in particolare agli studenti del primo anno, una risposta analitica e sistematica a tutte le domande precedenti. Esso è scritto abbiamo scritto per i giuristi e per gli studiosi di scienze politiche, e per gli studenti di queste discipline, nonché per qualsiasi membro della comunità interessato a capire come determinate decisioni vengano prese, specialmente sulle questioni di politica fiscale, di bilancio annuale, e sulle singole leggi d'imposta.

Questo libro è basato sulla mia attività d'insegnamento e ricerca nel campo del diritto nazionale israeliano, della legislazione sul welfare, del diritto tributario, della Finanza pubblica, della politica fiscale e degli aspetti finanziari dell'ordinamento costituzionale, svolte negli ultimi 30 anni in Israele, negli Stati Uniti d'America, e in Europa.

Proprio a questo proposito, sono profondamente debitore nei confronti dei miei studenti per la pazienza che hanno dimostrato e per l'ispirazione che hanno saputo darmi.

Yoseph Edrey, Haifa, 2015

Nel 2008 le Facoltà di giurisprudenza dell'Università di Haifa e di Ferrara cominciavano insieme a collaborare nello studio del diritto tributario e finanziario. Intendevano così celebrare, da un lato, la fondazione dello stato di Israele e la Costituzione repubblicana italiana: entrambi radicati nel 1948.

In questi anni docenti e studenti si sono mossi fra Ferrara e israele contribuendo a creare una piccola comunità. Allo stesso modo sono proseguite le ricerche assieme e i progetti di studio. Questo breve contributo è la traduzione in italiano di Elements of a Theory of Taxation, scritto dal professor Yoseph Edrey, decano dell'Università di Haifa. Il sottoscritto ha solo aggiunto un minimo adattamento per il lettore italiano che non sia a suo agio né con il retroterra giuridico statunitense né con quello israeliano, in cui la prima versione, in ebraico, del manuale ha visto la luce.

Il lavoro su questa prima edizione è terminato oggi 27 gennaio 2018. Giorno della memoria, dieci anno dopo, a rimarcare con un altro anniversario i rapporti di amicizia e di accademica fratellanza.

Marco Greggi, Ferrara, 2018

Capitolo 1. Introduzione

1. Scopi

Questo piccolo libro non è un manuale del corso di Elementi di diritto tributario, ma, esattamente come un sussidiario delle scuole superiori dell'obbligo,
intende facilitare la comprensione delle lezioni ed avvicinare lo studente del primo anno al diritto tributario.

Non fornisce dunque informazioni tecniche, precise e rigorose, sulle norme impositive italiane, ma è piuttosto un percorso di avvicinamento alla fiscalità, a cavallo fra scienze sociali, diritto ed economia.

Si trovano cenni ad aspetti che saranno trattati a lezione, richiami ad altre materie, riferimenti a studiosi di altre discipline che verranno chiariti di volta in volta in aula. Alcuni passaggi sono intenzionalmente ripetuti (così come concetti ripresi) perchè l'obiettivo è proprio quello di agevolare per quanto possibile il ricordo e l'apprendimento.

L'esperienza insegna, e i dati confermano, che l'internazionalizzazione dell'apprendimento è oggi uno degli aspetti che va maggiormente coltivato e promosso. D'altro canto una quota sempre maggiore di laureati italiani, anche in giurisprudenza, trova lavoro all'estero, o trova un impiego all'estero migliore di quello offerto in questo Paese. Ecco perchè nei (pochissimi) richiami normativi all'interno del testo si è scelto di lasciare citazioni all'esperienza statunitense, rimarcando i tratti di somiglianza (ma evidenziando al contempo le dissonanze) con il diritto domestico.

2. Uno sguardo d'insieme (per cominciare): perché il sistema tributario è così complesso ?

Una delle ragioni principali che hanno reso il sistema tributario così complesso sta nel fatto che è piuttosto difficile individuare l'effettivo scopo di una norma impositiva. Spesso infatti le norme tributarie non sono pensate solo per recuperare risorse dai consociati, ma anche per altri obiettivi che vengono perseguiti in modo più o meno trasparente.

Ogni imposta applicabile a un determinato contribuente, o a una determinata ricchezza, prevede diverse fattispecie che dalla stessa sono escluse, o esentate, o comunque trattate in un modo diverso rispetto a quello ordinario.

Generalmente, i sistemi tributari moderni prevedono una lunga lista di incentivi fiscali, esenzioni e crediti d'imposta, agevolazioni, totali o parziali. Queste agevolazioni o questi incentivi poi possono essere condizionati al verificarsi di ulteriori presupposti rendendo difficile la loro determinazione e il vaglio della spettanza oppure no.

Non tutti gli incentivi fiscali, poi, hanno le stesse caratteristiche.

In linea generale, si segue questa classificazione:

a)   Incentivi che derivano dall'insuccesso statale nel fornire determinati beni e servizi pubblici a specifici gruppi di persone.

In questo caso, i servizi erogati possono non essere assoggettati all'intero importo dell'imposta. Può essere ragionevole, in questo senso, evitare di tassare il consumo di beni o servizi che il contribuente reperisce sul mercato a fronte dell'incapacità dello Stato di fornirli direttamente e a proprio carico. Data così l'inefficienza statale, ai fruitori di questi beni è accordato un regime fiscale favorevole, ossia una tassazione ridotta, o magari una esenzione.

b)   Incentivi che sono attribuiti a quei contribuenti che promuovono, con le loro scelte private, obiettivi d'interesse collettivo (con effetti positivi sulla collettività), sostenendone i relativi costi.

Se questi contribuenti fossero obbligati a pagare le imposte generalmente previste, allora essi finirebbero per essere assoggettati al tributo due volte. Per queste ragioni alcune spese speciali, ed individuate dal legislatore, possono essere fiscalmente deducibili. Per esempio: immaginate un contribuente che investa un significativo ammontare di risorse economiche per sostenere ambiti di ricerca particolarmente avanzati. Se il progetto da lui finanziato avrà successo, non ne deriverà un semplice beneficio individuale, ma anche l'intera comunità e l'economia nazionale ne sarà avvantaggiata.

Di conseguenza lo Stato può scegliere di attribuire determinate esenzioni ed incentivi all'investitore: ad esempio, la deduzione immediata delle spese per ricerca e sviluppo, nello stesso periodo d'imposta.

In altre parole, il governo condivide il rischio (d'impresa) con il contribuente, in forza di quel contributo diretto che quest'ultimo fornisce alla politica governativa.

c)   Tutti gli incentivi che sono finalizzati ad incoraggiare i contribuenti a comportarsi in determinati modi, per particolari ragioni di politica ambientale o sociale.

Si pensi ad esempio a forme di incentivazione fiscale a un consumo energetico sostenibile, ovvero a minimizzare l'impatto ambientale di certe scelte di vita.

I politici e i gruppi d'interesse apprezzano gli incentivi fiscali, mentre la maggioranza degli accademici si oppone al loro impiego, a prescindere dal motivo per il quale sono erogati. La ragione principale risiede nel fatto che gli incentivi fiscali sono strumenti sofisticati ma poco trasparenti, utilizzati per mascherare lo scopo ultimo della misura fiscale all'opinione pubblica.

Mentre infatti è semplice, per i consociati, avere informazioni in merito alle scelte di spesa pubblica dello Stato delle regioni dei comuni non è altrettanto semplice sapere chi, è per quanto, ha tratto beneficio da questi incentivi. La mancanza di informazione e quindi di trasparenza pregiudica l'efficienza del sistema statale e il controllo Democratico sulle scelte che lo ispirano.

Per esempio: è un assunto comune quello secondo il quale, per ragioni sociali, determinati incentivi fiscali debbano essere garantiti alle famiglie a basso reddito.

Sulla base di quanto previsto dalle imposte sul reddito negli Stati Uniti d'America, i contribuenti possono fruire di determinate esenzioni personali e di specifici crediti d'imposta per le spese sostenute per il mantenimento dei figli.

Una breve indagine su questo tema ha rivelato che questa esenzione (così come i crediti d'imposta riconosciuti), attribuisce maggiori benefici economici alle famiglie ad alto reddito, e nessun vantaggio a quelle famiglie il cui reddito è talmente basso da essere soggetto a un'imposta vicina allo zero.

La spiegazione sta nel meccanismo secondo il quale funzionano questi incentivi. Se il risparmio fiscale di un contribuente che è assoggettato ad un'aliquota del 40% (prevista per i contribuenti più abbienti) è il 40% del relativo importo, lo stesso vantaggio non si verificherà per chi vive alle soglie della povertà, dato che, non avendo questi quasi nessun carico fiscale, non potrà neppure giovarsi di un proporzionale risparmio. Insomma, se una persona ha di più finisce anche per risparmiare di più dal punto di vista fiscale.

Non è intenzione discutere sulla norma o sulla morale, o sul fatto che questo risultato sia giusto o sbagliato, ma solo esporre il reale significato del fenomeno. La questione che riguarda la necessità di aiutare le famiglie povere, offrendo loro un incentivo statale, o di aumentare la loro produttività, guadagnare più reddito, e fruire poi magari di una più elevata esenzione, dovrebbe essere lasciata ai politici istruiti sulla decisione da prendere.

Ecco perché l'informazione corretta è puntuale assume una importanza straordinaria all'interno del sistema tributario, proprio perché essa permette ai consociati di fare le scelte migliori e di pretendere dal Parlamento e dal governo politiche fiscali coerenti con le loro aspettative e idonee a perseguire l'obiettivo che ci si è prefissati.

Per rafforzare questa conclusione possiamo anche fare un altro esempio: tradizionalmente, negli Stati uniti d'America il pagamento di interessi sui mutui ipotecari è completamente deducibile dal reddito imponibile. Al riguardo è stato spiegato che la ragione è quella di aiutare i poveri e la classe media a comprare case. Tuttavia, da un'analisi più attenta, emerge che questo incentivo fiscale, di fatto, promuove la costruzione di alloggi di lusso, riducendone il prezzo per quei soggetti che possono permetterseli senza l'incentivo fiscale, e al contempo innalza il prezzo delle piccole case ed allontana le famiglie meno abbienti dal raggiungimento del sogno americano.

Oltre a ciò, questo strumento crea taluni effetti non voluti anche a livello macroeconomico: l'espansione delle periferie delle grandi città, un aumento delle spese di trasporto e maggior inquinamento. La situazione è analoga in italia, ove la legge permette la detrazione di una parte degli interessi passivi pagati per il mutuo contratto per l'acquisto della prima casa da parte dei contribuenti.

La maggior parte delle ricerche indica, infatti, che di questa deduzione beneficiano gli imprenditori edili e i clienti più benestanti. Inoltre, non vi è mai stata una dimostrazione empirica che un incentivo al settore immobiliare, in sé e per sé considerato, incoraggi la crescita economica.

Al contrario, alcuni accademici suggeriscono che questa deducibilità degli interessi abbia contribuito in modo significativo alla recente crisi economica correlata ai titoli subprime.

Un'altra ragione della complessità del sistema tributario è insita nel fatto che non è agevole comprendere chi supporti effettivamente il prelievo tributario. Allo stesso modo, è difficile capire chi effettivamente tragga beneficio dagli incentivi fiscali.

Supponendo ad esempio che lo Stato decida di tassare i ricchi possidenti applicando un'imposta sulle società di grandi dimensioni (meglio sui loro profitti), secondo una prima valutazione potremmo concludere che questo tributo sarebbe a carico degli azionisti (dato che maggiori sono le imposte sui profitti,minore sarà la parte di questi ultimi distribuibile come dividendi). In realtà, questa imposta potrebbe essere trasferita sui dipendenti della società, o sui clienti, o su tutte e tre categorie considerate, in quote non ben definite *ex ante*.

I managers della società potrebbero infatti provare a rinegoziare i costi di acquisto delle materie prima lavorate dalla società o i contratti di lavoro dei dipendenti provando a spuntare cifre più basse (o a negare aumenti altrimenti dovuti) accampando come scusa la minore disponibilità di risorse economiche dovute alle maggiori imposte che devono essere pagate.

Lo stesso potrebbe accadere qualora lo Stato decidesse di attribuire un beneficio fiscale a una fascia della popolazione: lo stesso beneficio di fatto potrebbe essere trasferito di fatto su un'altra.

Per esempio, il sistema fiscale israeliano offre un notevole ammontare di crediti d'imposta alle madri lavoratrici (ma non ai padri) con figli piccoli. Lo scopo è sicuramente nobile e positivo, ma anche questo può condurre a seri problemi: i datori di lavoro potrebbero approfittare di una parte degli incentivi, o della loro totalità, offrendo un salario lordo più basso alle madri che lavorano, con il risultato che le donne finirebbero per essere strutturalmente quelle che ricevono un salario più basso all'interno della famiglia, come si dimostrerà nel prosieguo.

Un argomento analogo è stato utilizzato contro la possibilità di presentare una dichiarazione dei redditi congiunta, per le coppie sposate negli Stati Uniti d'America. Questo diritto potrebbe sembrare un vantaggio per le coppie sposate e per le donne: tuttavia, statisticamente, queste preferiscono (o sono costrette) a rimanere a casa, e ad abbandonare la carriera e la propria realizzazione personale.

In Italia per quanto in alcuni rari casi la dichiarazione tributaria resta congiunta, i due coniugi restano soggetti passivi di imposta separati: cioè pagano ciascuno le tasse che sono richieste, senza che sia possibile per loro alcuna forma di compensazione.

Altri esempi possono derivare dal fatto che non siamo in grado di determinare quanto l'imposta sul reddito da lavoro e quella sul consumo possano incidere negativamente sulla nostra propensione all'uno e all'altro.

Le imposte con aliquote più elevate riducono o aumentano la crescita ? Queste problematiche sono concretamente avvertite e rappresentano delle vere sfide per i legislatori ed i politici, specialmente nelle democrazie occidentali, dove le scelte legislative devono spesso superare anche il vaglio di costituzionalità, come in Italia. Le Corti non sono riluttanti ad intervenire, giudicando la compatibilità della legislazione secondo gli standard costituzionali. Da qui, dunque, inizia lo studio sulla connessione fra principi costituzionali e legislazione fiscale in generale.

3. I principi fondamentali costituzionali e il diritto tributario

Nei Paesi cd. "occidentali" e in quelli che ne condividono i valori, in Europa, negli USA, nell'area OCSE in generale, è ormai comunemente accettata l'idea che ogni discussione giuridica debba iniziare dalla comprensione del quadro costituzionale.

Il Governo può compiere solo quegli atti che gli sono permessi dalla Costituzione, negli USA, e in Italia il vaglio di costituzionalità si esercita nelle forme e nei modi ben noti. In questo senso, le limitazioni del potere esecutivo seguono due direttrici: una formale e una sostanziale. La prima riguarda i profili autorizzativi: cioè la verifica del fatto che il Governo abbia ricevuto o meno il potere di agire. La seconda si riferisce alle modalità di esercizio del potere, statuendo che il Governo lo debba esercitare nel rispetto degli interessi e dei diritti costituzionalmente garantiti, come il diritto all'uguaglianza, quello alla proprietà e così via.

Anche in Italia questi due ordini di limitazioni trovano conferma, in buona misura negli articoli 23 e 53 della Carta costituzionale.

Il paragrafo seguente esaminerà come questi limiti trovino applicazione nel settore fiscale.

Capitolo 2. Il potere di applicare le imposte

1. "No Taxation without Representation": la necessità del pubblico consenso all'applicazione delle imposte

Il famoso principio "No taxation without representation" che esprime al meglio l'inizio dell'indipendenza statunitense, enuncia una concezione giuridica, costituzionale ed economica valida ancora oggi: in una società liberale nessuno è tenuto ad alcun pagamento senza il suo consenso ad esso.

L'affermazione che in una democrazia un'imposta possa venire applicata solo con atto del legislatore (espressione della volontà popolare) ci permette di comprendere come l'imposta sia espressione di un consenso collettivo al pagamento di un prezzo per i beni e servizi pubblici offerti dallo Stato governato con il consenso di un Parlamento regolarmente eletto.

Per permettere ai nostri rappresentanti di introdurre nuove imposte, la Costituzione deve prevedere una disposizione specifica che lo autorizzi in tal senso. Ma l'attribuzione di questo potere non può ritenersi sufficiente, in quanto il contenuto della norma tributaria dovrebbe essere accettato dai consociati (il Parlamento cioè dovrebbe essere rappresentante e rappresentativo, come ci ricordano gli insegnamenti costituzionali).

La teoria del consenso, essenzialmente, si basa sull'idea del contratto sociale, in forza del quale i consociati si impegnano al rispetto e all'obbedienza allo Stato e al suo Governo, solo nel caso in cui i suoi atti e le sue azioni garantiscano sicurezza e migliorino il benessere complessivo della collettività.

Queste condizioni riguardano anche le leggi tributarie. In ogni legge tributaria c'è un fondamento teorico secondo il quale tutti i contribuenti accettano l'imposta e sono disposti a pagarla per ottenere in cambio beni e servizi pubblici, che lo Stato deve garantire.

In teoria, questo assunto potrebbe essere smentito se si riuscisse a dimostrare che nessun contribuente abbia acconsentito al pagamento dell'imposta. In altre parole, l'imposta deve contenere determinate caratteristiche per poter essere considerata una "giusta imposta", in modo tale che ogni persona ragionevole sarebbe disposta a pagarla. Di conseguenza, è necessario studiare le caratteristiche di ogni tributo, la sua struttura e il suo scopo, di modo da poter confermare, anche solo teoricamente, che si tratta di una "giusta imposta".

In caso contrario, il tributo in questione ben difficilmente potrebbe superare il vaglio dell'autorità giurisdizionale costituzionale, in tutti i Paesi, ivi inclusa l'Italia.

Insomma "No Taxation without Representation" significa, nell'era costituzionale moderna: "Nessuna tassazione senza il consenso della collettività". Questo consenso si ritiene sussistente (si può presumere come sussistente) solo se il tributo mantiene le caratteristiche di una "giusta imposta", nel senso che si dirà in seguito al § 3.

2. Le caratteristiche della norma tributaria e la sua applicazione costituzionalmente orientata

Ogni legge adottata deve rispettare i principi, il dettato e i valori espressi dalla Carta costituzionale. Se un Tribunale rileva che una legge non sia conforme a questi standard, ne informa la Corte, che è chiamata a valutare se ci siano possibili giustificazioni a siffatta violazione. Se la Corte non riesce a trovare alcuna giustificazione, o la giustificazione addotta non è soddisfacente, allora la legge non supera il vaglio di legittimità costituzionale o la *Judicial review* (in considerazione del tipo di ordinamento) e di conseguenza viene dichiarata inefficace.

Le leggi tributarie sono in costante tensione con i diritti umani, i principi costituzionali, i valori fondamentali. Una norma tributaria potrebbe, ad esempio, violare i diritti costituzionalmente garantiti di proprietà, di libertà contrattuale ed occupazionale, di uguaglianza, di dignità umana e di tutela dello standard minimo di sussistenza (il cd. *"Minimo vitale"*). Questo può accadere ad esempio, se una imposta viene introdotta in modo tale da colpire maggiormente gli appartenenti a una razza, una religione, una minoranza comunque tutelata.

Come si è già detto in precedenza, il requisito del consenso impone l'accettazione dell'imposizione da parte della collettività, ed è ragionevole ritenere che la collettività accetti l'imposta solo se essa rispetti determinate caratteristiche che permettono di considerarla come una diretta conseguenza del contratto sociale: un onere che ogni membro della società è disposto a sostenere al fine di ottenere i vantaggi di una società organizzata.

Adam Smith per primo ha codificato questi canoni come quelli che contraddistinguono la "Giusta imposta".

Una giusta imposta non viola mai i diritti costituzionalmente garantiti nel paese in cui è esatta, in quanto deve essere per definizione giusta ed equa, e garantire quei medesimi diritti. Essa è dunque il giusto e ragionevole prezzo per i servizi e i beni pubblici offerti dallo Stato: si tratta di un prelievo efficiente che aumenta il benessere globale e che non è arbitrario, perché prende in considerazione la situazione personale del contribuente e le sue caratteristiche.

Tuttavia, i moderni economisti hanno delineato il "giusto sistema tributario" in modo parzialmente diverso, valorizzando altri aspetti quali: l' efficienza economica intesa come "neutralità fiscale"; la semplicità amministrativa; la flessibilità applicativa (vale a dire la capacità di rispondere rapidamente al mutevole contesto economico, ed alla diversa politica fiscale); la responsabilità politica (nel senso che l'imposta deve essere trasparente e deve riflettere le preferenze dei contribuenti); la correttezza nella sua applicazione; i limitati costi di riscossione.

Insomma, anche nel diritto tributario il concetto di "giustizia" viene variamente declinato, e muta a seconda dei periodi storici, delle discipline attraverso il quale lo si osserva (economia, diritto, scienze sociali, …) e delle latitudini geografiche nel quale trova applicazione.

3. I requisiti della giusta imposta

Durante l'era biblica, le imposte rappresentavano una delle più significative espressioni dell'arbitrarietà del potere sovrano e, per converso, dell'impotenza e dell'assoluta soggezione dei cittadini contribuenti.

Questo non è il caso della nostra situazione attuale: tassazione non è più sinonimo di dispotismo.

Grazie al contratto sociale, noi siamo diventati più consapevoli del fatto che la sovranità appartiene al popolo, e che l'obiettivo dello Stato è quello di incrementare il benessere individuale e collettivo e la felicità.

L'imposta, da questo punto di vista, è il pagamento volontario che ci permette di vivere in una società civilizzata, con un'organizzazione politica che dovrebbe provvedere alle nostre necessità e conformemente alle nostre scelte e alle nostre priorità. Come disse anni fa un autorevole giurista statunitense (Oliver Wendell Holmes, Jr.) "Le imposte sono il prezzo della civiltà"

Attraverso il processo elettorale e l'approvazione

annuale del bilancio statale da parte del Parlamento, di fatto noi scegliamo di acquistare determinati beni e servizi pubblici dal Governo che gode della fiducia del Parlamento. Quei beni e servizi pubblici hanno un prezzo economico che noi siamo disposti a pagare.

La necessità di prendere in considerazione questo prezzo era già stata esaminata da Adam Smith nel suo libro "La ricchezza delle nazioni".

Secondo Smith le imposte (i tributi) dovrebbero rispettare quattro requisiti fondamentali (i "canoni" o le "massime" di una giusta imposta).

Esse cioè dovrebbero:

1) Essere certe e non arbitrarie;
2) Considerare l'utilità per il contribuente;
3) Essere efficienti;
4) Essere eque e rispettose del principio di uguaglianza;

I moderni economisti suggeriscono un criterio addizionale: quello per il quale le imposte dovrebbero anche

5) Essere neutrali (sebbene neutralità ed efficienza possano anche essere considerate sinonimi) e flessibili, in modo che il sistema fiscale possa esser cambiato e adattato facilmente in raccordo con il sistema economico, e con la mutevolezza della politica fiscale del Governo.

La letteratura scientifica moderna, sia economica che filosofica, unitamente agli studi giuridici

29

comparati, ci permette di dare una dimensione moderna ai canoni sin qui elencati.

4. La certezza dell'imposizione e la sua non arbitrarietà

Il requisito della certezza dell'imposizione ha diversi significati e accezioni che riguardano altrettanto diversi profili: ultrattività, effettività e semplicità

A. Certezza e retroattività dell'imposizione

Il significato pratico della certezza è pressoché ovvio: se l'imposta si basa effettivamente sul consenso, è impossibile assumere un consenso retroattivo. Il concetto di comportamento economicamente razionale e il processo decisionale sono intrinsecamente basati sull'informazione, il che significa che intanto è possibile dare il consenso a un'imposta in quanto quella imposta sia conosciuta nelle sue caratteristiche. Naturalmente, la tassazione ha un impatto rilevante sulle nostre decisioni e azioni, per questo non sembra corretto e appropriato assumere scelte economicamente rilevanti (sia per quanto riguarda la produzione di ricchezza, il suo accumulo, o anche solo il consumo) sapendo che certe attività non comportano alcun pagamento e, dopo che abbiamo compiuto l'attività, lo Stato cambi le "regole del gioco" e chieda una nuova o diversa imposta, che non era stata concordata prima. Emerge quindi una sorta di principio dell'affidamento, che deve essere in ogni caso tutelato. Questo principio dell'affidamento è tutelato anche nell'ordinamento tributario italiano, con una espressa norma di legge.

Abbiamo già detto che nei sistemi fiscali moderni, una imposta è considerata tale quando è ragionevole attendere che i contribuenti diano un consenso di massima alla sua applicazione. Tale consenso è ipotizzabile in astratto solo se l'imposta sia conosciuta dai contribuenti precedentemente alla sua applicazione e se questi possano vagliarla (nell'ambito di un'analisi costi – benefici) avuto riguardo all'attività che hanno in mente di intraprendere.

Nessuna persona ragionevole accetta di comprare alcunché senza conoscerne prima il suo prezzo e il suo valore. Lo stesso può valere, in fin dei conti, anche per l'ordinamento tributario.

Nel linguaggio costituzionale moderno "Nessun progetto di legge che comporta la perdita dei diritti civili o legge *ex post facto* sarà approvato" (Costituzione degli Stati Uniti Art. 1 Sec. 9(3)). La stessa regola si applica alle leggi tributarie. IN Italia invece il divieto di retroattività è sancito nella costituzione solo per le leggi penale (nulla poena sine lege): non per quelle tributarie. Per questo motivi al fine di salvaguardare nei limiti del possibile la ultrattività la Corte costituzionale italiana ha dovuto utilizzare il principio di capacità contributiva, con un astuto (ma condivisibile) *escamotage*. Ha cioè sostenuto che le leggi tributarie retroattive sono incostituzionali non tanto perchè il divieto di retroattività sia riconosciuto dalla carta, ma quanto perchè, andando a colpire fatti già successi, o redditi già percepiti in passato, potrebbero confliggere con il principio di capacità contributiva.

B. Certezza ed effettività del presupposto

Come si vedrà in seguito, il requisito della certezza porta a preferire la tassazione del reddito percepito rispetto a quella di un reddito potenziale o futuro (ma non ancora realizzato). Questo ragionamento vale anche per tutti gli altri presupposti di imposta (come il patrimonio e così via ...)

La ragione risiede nella constatazione che la quantificazione del primo è piuttosto semplice, mentre la quantificazione del secondo è fondata interamente su stime.

Effettività significa che la ricchezza tassata deve essere concreta, e non solo stimata o presunta: si tratta di una osservazione meno banale di quello che possa sembrare a prima vista. Ancora oggi in italia il sistema tributario assoggetta a tassazione, in casi invero particolari, ricchezze presunte sulla base di diverse giustificazioni (difficoltà di calcolo della ricchezza effettiva, comportamento scorretto del contribuente). Tali ipotesi devono sempre essere considerate come eccezioni che confermano la regola (effettività dell'imponibile e della capacità contributiva).

Si pensi ad esempio al caso in un "evasore totale" che viene scoperto dalla Guardia di Finanza. Come calcolare esattamente l'imposta che questo evasore non ha versato ? In mancanza di riferimenti attendibili (perchè ad esempio la contabilità è stato distrutta), la Guardia di Finanza procederà attraverso stime e presunzioni che di per certo si allontaneranno (anche parecchio) dalla "effettività", ma di per certo nessuna censura (entro i limiti della ragionevolezza) potrà essere sollevata all'operato dell'ufficio nella misura in cui è stato lo stesso contribuente, con il suo comportamento illecito a creare incertezza.

C. Certezza e semplicità

Il requisito della certezza contiene in sé un altro corollario: nessun consenso dovrebbe esser presunto su questioni tecnicamente complesse, i cui principi applicativi non siano facilmente accessibili alla maggioranza dei consociati.

Da qui l'aspettativa che la legislazione fiscale sia semplice e comprensibile. É superfluo aggiungere che la semplicità in materia fiscale spesso risulta solo una chimera, o comunque un obiettivo il cui raggiungimento viene spesso disatteso. In Italia diverse disposizioni di legge in particolare lo *"Statuto dei diritti del contribuente"*, una legge - la n° 212 - approvata nel 2000) auspicano la semplicità del sistema, arrivando anche a dettare condizioni che devono essere rispettate da parte del legislatore del futuro. Sono però disposizioni prive di sanzione, e come tali regolarmente disattese.

5. L'utilità per il contribuente

Il requisito dell'utilità per il contribuente (il secondo dei quattro canoni della giusta imposta) si concretizza principalmente in due aspetti: il primo attiene alla dimensione temporale e alla possibilità di reperire le risorse economiche necessarie per pagare le imposte, il secondo riguarda il concetto di dignità umana, tutelato costituzionalmente sia negli Stati Uniti che in Italia.

A. Il fattore temporale e il pagamento delle imposte

Il significato dell'utilità è immediato: il sistema tributario deve considerare le circostanze personali del contribuente, e non deve deteriorare irrimediabilmente la sua situazione economica complessiva. Il significato concreto di questo assunto è che nessuno deve soggiacere ad un prelievo tributario se non dispone dei mezzi finanziari per farvi fronte: si tratta di quello che in Italia viene definito come "Principio di capacità contributiva".

Questa regola di base si scompone a sua volta in due precetti che devono essere entrambi rispettati: (1) il principio del realizzo, che è una regola sostanziale derivante anch'essa dal requisito della certezza (purtroppo passibile di eccezioni); (2) la disponibilità dei mezzi di pagamento.

Il realizzo comporta che una ricchezza sia tassata solo quando definitivamente acquisita al patrimonio del contribuente. Si pensi ad esempio a un contribuente che abbia acquistato per € 1000 un Bitcoin, e che dopo un giorno veda il valore di quel Bitcoin cresciuto a € 3000. Possiamo dire che in effetti il contribuente si è arricchito di € 2.000, e che quindi dovrebbe pagare imposte su quella maggiore ricchezza ? Il principio del realizzo ci dice di no: il contribuente non sarà effettivamente "ricco" fino a quando non avrà rivenduto, il terzo giorno, quel Bitcoin avendo come corrispettivo la somma in Euro "X" e sempre ammesso che il terzo giorno il valore non sia già sceso ! Questo ragionamento, che qui è stato proposto utilizzando come esempio la criptomoneta più importante, può naturalmente essere seguito per analogia per molti altri beni: azioni, obbligazioni, beni mobili di valore, terreni, immobili e così via.

Di conseguenza, considerando un sistema tributario che tassi l'accrescimento della ricchezza del contribuente, una mera rivalutazione della proprietà non dovrebbe essere assoggettata ad imposta. Anche per un altro motivo: il contribuente potrebbe non avere la liquidità necessaria (o semplicemente i mezzi) per farvi fronte.

Una tale norma potrebbe spingere il contribuente a vendere forzatamente la proprietà rivalutata, o (anche) a sopportare costi di transazione troppo elevati.

Una vendita forzata di questo tipo potrebbe poi essere considerata come una violazione del diritto di proprietà, della libera contrattazione, o del diritto ad avere un'occupazione se la dismissione del bene finisce per avere effetti anche su questa. Se il sistema tributario è realmente fondato sul consenso, risulta inconcepibile presumere che il contribuente presti il suo consenso ad una situazione peggiorativa del suo standard di vita.

In altri casi, l'incremento della ricchezza si ottiene con l'acquisizione di beni in natura, e non corrispettivi in valuta. In questa ipotesi un sistema fiscale ragionevole dovrebbe permettere il differimento della tassazione, maggiorato di un adeguato interesse, fino a quando il bene percepito in natura non sia rivenduto. La stessa sensibilità dovrebbe essere osservata nei confronti delle imposte sulla proprietà, in modo tale che queste non producano un effetto espropriativo.

Il sistema tributario italiano purtroppo non segue questo principio, e impone di pagare imposte anche a coloro che ricevono compensi "in natura" computando l'imposta sul valore "normale" o "di mercato" del bene. Si pensi ad un avvocato che riceva come compenso da un cliente un prosciutto, da quello accettato come corrispettivo ad efficacia estintiva del credito vantato (*datio in solutum*): in questo caso l'avvocato dovrà pagare imposte anche sul prosciutto ricevuto. Ovviamente non potrà affettare qualche etto per l'amministrazione finanziaria, ma dovrà verificare quale sia il valore di mercato del bene che ha ricevuto e simulare di aver ricevuto un compenso in danaro equivalente.

L'esempio del salume è evidentemente teorico, ma nella pratica capita invece spesso che una quota parte del compenso sia offerta in *benefit*, i quali concorrono esattamente come il danaro alla formazione della base imponibile, salvo espressa e diversa norma di legge. Si pensi ad esempio a un manager che venga assunto e che riceva in cambio dal datore di lavoro oltre a un lauto stipendio anche la possibilità di usare un'auto di lusso e un appartamento in centro in una località di vacanza. Il valore dell'auto e del canone di locazione dell'appartamento concorreranno alla formazione del suo reddito ai fini della successiva imposizione sullo stesso.

B. La dignità umana, la discrezionalità nelle scelte di consumo e le esenzioni personali.

La dignità umana è un principio cardine in molte Costituzioni moderne. Probabilmente, l'esempio più significativo è quello offerto dalla Costituzione tedesca che all'Art. 1 § 1 statuisce espressamente: *"La dignità umana è inviolabile. Il suo rispetto e la sua protezione sono un dovere inderogabile per l'autorità statale"*. Lo stesso principio poteva essere rinvenuto nella proposta di Costituzione per l'Unione europea e in alcune decisioni delle Corti americane).

Al riguardo, può essere sufficiente ricordare il tendenziale consenso generale all'idea che un'imposta che riduca in povertà il contribuente violi di fatto questo principio. La Commissione Carter, in Canada, ha utilizzato l'espressione *"Espropriazione del potere di consumo"*, per indicare come lo Stato non dovrebbe tassare totalmente la ricchezza del contribuente, bensì dovrebbe lasciar intatta quella porzione necessaria ai bisogni primari, come le spese di abitazione, gli alimenti, la sanità, e così via.

Anche in Italia la sensibilità della giurisprudenza costituzionale è nello stesso senso, per quanto nessuna imposta, sul lato pratico, sia mai stata considerata come incompatibile con il principio di tutela della dignità umana.

Negli Stati Uniti, queste necessità sono salvaguardate dal sistema di esenzioni personali e dalle deduzioni standard riconosciute a ogni contribuente: un esempio di questa politica e di questa sensibilità può essere rinvenuto nell' *Earned Income Refundable Tax Credit.*

6. L'efficienza dell'imposizione

Anche il requisito dell'efficienza ha diverse chiavi di lettura, sia nella dimensione moderna che in quella storica.

A. Efficienza dell'Amministrazione finanziaria

Il fondamento del criterio di efficienza è piuttosto semplice: il costo di amministrazione e di riscossione di un'imposta dovrebbe essere il più basso possibile, di modo che la porzione maggiore del gettito, generato dai pagamenti dei contribuenti, non sia utilizzato solo per finanziare quei costi.

In altre parole, se i costi di amministrazione e gestione di un tributo fossero uguali o maggiori alle entrate che esso garantisce, allora sarebbe meglio abolire il tributo e licenziare i funzionari che ne curano la riscossione. In Italia l'amministrazione finanziaria cura l'accertamento e la riscossione di tutti i tributi erariali, quindi è difficile individuare con puntualità tributi "antieconomici", ma ciò non toglie la validità al principio.

B. La tassazione ottimale

In epoca moderna, l'efficienza economica dovrebbe essere realizzata in modo tale da garantire il maggior benessere possibile per tutti i consociati. Come sarà evidenziato in seguito, le teorie di finanza pubblica sostengono che ogni imposta - con l'esclusione delle Poll Taxes (vale a dire tributi applicati forfetariamente) - crea distorsioni economiche nel sistema dove viene applicata, e porta a una perdita a livello aggregato. In altre parole, cioè, la perdita di benessere causata dall'applicazione delle imposte è sempre superiore al benessere aggregato che si ottiene con la redistribuzione delle entrate pubbliche.

Insomma se la tassazione può essere metaforicamente immaginata come uno strumento per togliere risorse ai consociati (a ciascuno, individualmente) e investirle nell'interesse pubblico, allora è vero che una buona parte di quelle risorse si disperdono nel tragitto che va dalle tasche dei contribuenti alle casse dello stato. Questa dispersione è dovuta solo in minima parte a fenomeni delittuosi: la maggior parte infatti è dovuta a costi burocratici, amministrativi, deficit decisionali e così via.

In questo senso, se le imposte raccolte determinano un gettito pari a 100 (e quindi un depauperamento di tutti i consociati che le pagano pari a 100, ben difficilmente l'utilità derivante dall'impiego di quelle imposte sarà pari a 100. Se la situazione è in questi termini, per essere veramente efficiente, un'imposta in teoria dovrebbe essere congegnata in modo tale da far sì che il beneficio pubblico, derivante dalla redistribuzione dei beni e dei servizi pubblici pagati con essa, sia superiore all'impoverimento complessivo che la stessa determina. Purtroppo, la scienza economica non è ancora riuscita a fornire strumenti misurabili per soddisfare questo criterio.

Nonostante ciò, il requisito dell'efficienza resta valido come criterio analitico per determinare la bontà di un'imposta, ed eventualmente come obiettivo tendenziale verso il quale bisogna pur sempre dirigersi.

C. La neutralità fiscale, la sua incidenza sul mercato (il teorema di *Coase*)

Un diverso modo di presentare il concetto di efficienza è quello che passa attraverso il concetto di neutralità fiscale.

Qui si assume come presupposto la constatazione che gli individui liberi orientano i loro comportamenti in base alle loro priorità,

41

migliorando il loro benessere complessivo e dunque la loro felicità.

Ogni intervento statale che li obbliga a cambiare priorità, crea distorsioni e conseguentemente altera il livello del benessere. Ogni imposta che non sia in questo senso neutrale, vale a dire che cambi le nostre priorità e attività (che ci faccia consumare un bene o un servizio anziché un altro che avremmo invece scelto se quella imposta non fosse stata in vigore), non è efficiente: riduce il livello di benessere. Il modo utilizzato per valutare la neutralità di un sistema fiscale è di supporre uno scenario senza imposte, e in quel contesto identificare le priorità. Successivamente si introducono le imposte nello scenario, e si misura il differenziale di cambiamento nelle priorità.

Se un cambiamento è avvenuto, si giunge alla conclusione che le imposte non sono state neutrali.

Non tutti condividono questa analisi, alcuni considerano che lo scenario ante tributum non sia soddisfacente per analizzare le effettive priorità dei consociati. Un'imposta "alla Pigou" o più semplicemente pigouviana, chiamata così in onore all'economista Inglese Arthur C. Pigou, è per definizione non neutrale.

Il suo obiettivo è modificare e reprimere i comportamenti indesiderati, pertanto è stata introdotta con il fine ultimo di correggere le esternalità negative.

Per esempio, si consideri il caso di un' imposta adottata per indurre i soggetti inquinanti a ridurre le emissioni ambientali nocive, e con lo scopo di produrre risorse economiche da utilizzare per compensare agli effetti negativi dell'inquinamento. Oppure si pensi anche alle accise sull'alcool o le sigarette, introdotte per limitare le propensione all'utilizzo di questi prodotti e per reperire risorse che compensino i costi (sanitari) causati da quei vizi; oppure ancora a un'imposta sul cibo spazzatura, che è generalmente adottata per correggere comportamenti alimentari.

In base al teorema di Coase, formulato professore di diritto ed economista di Chicago Ronald Coase, un'imposta così strutturata è di fatto ridondante.

Secondo questa concezione il libero mercato è in grado di risolvere tali situazioni se il diritto di proprietà è rispettato, i costi di transazione sono inesistenti ed è possibile scegliere tra le diverse esternalità. Considerate queste condizioni (prettamente teoriche), un bilanciamento fra gli interessi coinvolti condurrebbe ad un risultato efficiente, eliminando le esternalità negative indipendentemente dalla situazione iniziale.

La criticità di tale teorema è evidente quando ci si ritrova in presenza di numerose vittime delle esternalità negative, ciascuna delle quali soffre un danno per esse. Diventa poi oltremodo difficile trovare un equilibrio (attraverso lo strumento negoziale) fra le diverse necessità e i soggetti che immettono le esternalità negative nel sistema.

La soluzione preferibile sembra allora quella di permettere al legislatore l'intervento, tramite l'introduzione di un'imposta che trasferisca l'onere economico del danno da chi lo subisce a chi che l'ha cagionato, limitando così l'esternalità negativa (così come concepita da Pigou), oppure prevedendo strumenti risarcitori di natura aquiliana, se non addirittura *Class actions* e risarcimenti punitivi.

7. Equità ed uguaglianza

L'equità e l'uguaglianza sono probabilmente i due requisiti fondamentali più evidenti di un buon sistema tributario, in particolare se si accoglie il concetto secondo il quale la fiscalità debba essere basata sul consenso collettivo.

In teoria, si potrebbe essere tentati di accettare l'idea secondo la quale la "giustizia" dovrebbe essere il requisito più appropriato per misurare l'equità. Tuttavia, il concetto di giustizia soffre di due lacune fondamentali:

(1) Rappresenta un concetto multidimensionale e soggettivo che
(2) Come tale è veramente difficile da misurare o quantificare.

Quindi è difficile, se non impossibile, utilizzare la giustizia come criterio funzionale, pratico ed accettabile, se si cerca con sicurezza il consenso pubblico su una imposta o un'altra forma di prelievo.

Eguaglianza, dall'altro lato, è un criterio unidimensionale, misurabile e anche oggettivo: come tale può essere utilizzato per misurare l'equità economica. In questo senso si parla di uguaglianza orizzontale (secondo la quale gli uguali dovrebbero pagare un'imposta uguale), e quella verticale (secondo la quale invece chi ha di più dovrebbe pagare di più). Se si condividono queste due prospettive di uguaglianza, si restringe di molto l'ambiguità che esiste ancora circa i concetti di equità e di uguaglianza.

Infine, si tratta di individuare il criterio più appropriato per capire quando due contribuenti possano essere definiti uguali, e quando diversi. Come sarà indicato in seguito, i due criteri più importanti sono la "Capacità contributiva" e il "Principio del beneficio".

Capitolo 3. La definizione di imposta e i concetti base: imponibile e scopo dell'imposizione

1. Le imposte nelle scienze sociali, come prezzo per beni e servizi pubblici

Il concetto più comune che si possa ritrovare nelle differenti definizioni di imposta è "pagamento obbligatorio privo di corrispettività, che viene riscosso in via principale dall'amministrazione centrale". I giuristi tendono soprattutto ad evidenziare come il contribuente non riceva, in seguito al pagamento dell'imposta, una prestazione equivalente ed immediata: ebbene tale approccio riflette forse una leggera confusione tra il ruolo essenziale dell'imposta e l'aspetto più tecnico della sua riscossione. Da un punto di vista propriamente sostanziale, le imposte, come è già stato menzionato, si basano sul consenso e teoricamente presuppongono che il contribuente debba ricevere un compenso completo del genere *quid pro quo*, il quale viene indicato nei beni e nei servizi pubblici forniti dallo Stato, come la giustizia, l'ordine pubblico, la difesa dello Stato, un sistema economico stabile, infrastrutture e una società civile e organizzata.

Pertanto le imposte corrispondono al prezzo stimato per il consumo che il contribuente faccia di tali beni e servizi pubblici.

Il fatto poi che le imposte non si assolvano tramite un pagamento spontaneo, ma con un'obbligazione che è, appunto "imposta", come stabilito dall'autorità legislativa, soddisfa unicamente l'esigenza di una riscossione efficiente per contrastare un fenomeno poco felice ossia l'esistenza dei cd. *Free riders*: membri della società che cercano di avvantaggiarsi dell'utilizzo dei beni e dei servizi pubblici senza pagarne il rispettivo prezzo.

In via generale però l'acquisto di qualsiasi tipo di bene o servizio implica l'obbligazione di pagarne il relativo prezzo, e questo sia che si tratti di beni e servizi privati acquistati nel libero mercato, sia che si tratti di quelli pubblici acquistati dallo Stato. Conseguentemente ,in una società democratica, le imposte vengono definite, da un punto di vista filosofico, economico e sociale come le obbligazioni corrispettive per l'utilizzo di beni e servizi pubblici resi disponibili dal governo eletto in base alla legge.

2. Le imposte nelle scienze giuridiche

Per una serie di ragioni pratiche, la definizione giuridica d'imposta è leggermente differente.

Sebbene anche in questo caso si preveda che all'imposta corrisponda una controprestazione, tuttavia per il fatto che la stessa è "imposta" dal legislatore, fa sì che la riflessione si sposti sull'aspetto del consenso al pagamento del tributo e al ricevere in cambio un compenso ragionevole e satisfattivo, ossia beni e servizi pubblici.

Pertanto la definizione giuridica presenta un quid pluris rispetto a quanto tratteggiato nel paragrafo precedente in ossequio a una visione dell'imposta nella prospettiva delle scienze sociali: una controprestazione equa che non abbisogna di essere comprovata o dimostrata regolarmente.

L'equità della controprestazione sta nel fatto che, ad esempio, a ogni contribuente italiano sono garantiti una serie di servizi pubblici (sicurezza, giustizia, viabilità, e così via) tutto sommato ragionevoli per il prezzo che gli viene richiesto (cioè per le imposte che effettivamente paga.

Quindi quanti vorranno sottrarsi a tale assunto, giustificando il loro rifiuto all'imposizione adducendo di non aver ricevuto un compenso equo e ragionevole, si gravano in realtà di un fardello molto pesante e pressoché impossibile da superare.

3. Gli obiettivi delle imposte

Gli obiettivi e gli scopi delle imposte sono chiari, semplici e definiti: finanziare le spese deliberate dal governo eletto secondo la sua politica fiscale. Politica che viene approvata ogni anno dal parlamento tramite legge finanziaria, la quale delinea il bilancio annuale dello Stato, e che enuncia chiaramente le priorità, gli obiettivi e le risorse del governo eletto. In italia la manovra di bilancio e l'approvazione della legge di bilancio avviene in base all'art. 81 della Carta costituzionale.

Ma, oltre a questo, vi sono anche altri punti di vista. Secondo quello più diffuso le imposte sono un efficace strumento di redistribuzione del reddito nazionale, dato che le stesse svolgono un ruolo essenziale nel promuovere lo sviluppo sociale e attuare una giustizia sostanziale.

Ebbene se l'obiettivo delle imposte è fondamentalmente quello di finanziare le voci di spesa prestabilite dal governo in carica, allora si devono necessariamente affrontare due questioni: la prima riguarda la cifra complessiva che dovrà essere riscossa per raggiungere lo scopo prefissato e la seconda come tale impegno dovrà essere suddiviso tra i membri della detta società.

Secondo un noto e condiviso approccio economico, lo strumento migliore e più efficiente per promuovere lo sviluppo del benessere sociale ed economico è garantire il libero mercato e l'iniziativa del settore privato.

Infatti, un'economia basata sul libero mercato – attraverso la cosiddetta mano invisibile – offre il maggior livello di benessere al maggior numero di soggetti nella comunità. Ma anche i sostenitori di tale corrente di pensiero devono ammettere di non poter fornire in modo efficiente tutti i beni e servizi necessari alla società e ai suoi membri, questo principalmente a causa dei *market failures* e dei *free riders*, che impediscono al settore privato di offrire in maniera efficiente alcuni beni e servizi continuando a rispettare i principi democratici, quale quello dell'uguaglianza. Tali beni e servizi sono propriamente i "beni e servizi pubblici" (ad es. la sicurezza nazionale, la stabilità economica, il sistema giudiziario e quello legislativo), che si caratterizzano, da un lato, per la "non rivalità" (ossia il loro utilizzo da parte di un membro della società non riduce la quantità totale a disposizione degli altri membri) e dall'altro per essere "non escludibili" (nel senso che nessuno può essere in realtà escluso dal loro utilizzo).

Ad esempio, il beneficiare della sicurezza nazionale o dei segnali d'avvertimento provenienti da un faro, non riduce in modo significativo né la quantità di tali servizi a disposizione degli altri, né può escludere alcuno dall'utilizzo degli stessi. I sostenitori della teoria dello Stato minimo ritengono che il governo si debba occupare di tali beni e servizi assicurandosi però che siano di quantità limitata, che comportino perciò una spesa ridotta e conseguentemente un livello d'imposizione minimo.

Pertanto secondo tale teoria il governo dovrebbe interferire il meno possibile con il funzionamento del mercato.

Di parere contrario sono invece coloro che sostengono che l'intervento dello Stato debba essere molto più ampio, sicché lo stesso dovrebbe farsi portatore dello sviluppo sociale, garante di una corretta distribuzione del benessere nazionale (poiché la distribuzione del benessere economico attuata dal mercato non è equa) e svolgere quindi un ruolo attivo nella vita economica del Paese. Secondo tale corrente di pensiero lo Stato non deve limitare le sue attività e il suo intervento nell'economia, ma adottare tutte le misure necessarie per raggiungere gli obiettivi di sviluppo nazionale, economico e sociale, fra le quali rientra anche riscuotere risorse finanziarie dai membri della comunità attraverso un sistema d'imposte, che non obbligatoriamente deve contraddistinguersi per aliquote di favore.

Tuttavia a questo punto non si può tacere una critica a quegli economisti (e a quei politici conservatori) che tendono puntualmente a confondere due concetti quali la libera economia di mercato e il sistema capitalista.

Chi scrive è dell'opinione che i suddetti concetti siano molto diversi fra loro. La libera economia di mercato è espressione di un sistema democratico ed etico allo stesso tempo, che aspira al miglioramento e allo sviluppo sociale dei singoli individui e contemporaneamente alla costruzione di un benessere globale per l'intera comunità. Pertanto, finché sussistono determinate condizioni, la mano invisibile porterà ad un incremento sia del benessere generale sia dei singoli, ma una volta che tali condizioni vengano a mancare, a causa dei *market failures*, lo Stato dovrebbe essere chiamato ad intervenire al fine di assicurare il funzionamento del libero mercato.

Un sistema capitalista ostacola la libera concorrenza, poiché garantisce al capitale finanziario e conseguentemente ai suoi proprietari determinati benefici e privilegi. In questo sistema infatti il governo interferisce con il mercato per tutelare i capitali e i loro proprietari. Tale opinione è confermata dall'economista americano John Kenneth Galbraith, il quale sosteneva, quasi mezzo secolo fa, che il nuovo capitalismo impedisce al governo di controllare le attività del libero mercato e di assicurare il pieno funzionamento della libera economia di mercato e della libera concorrenza. Infatti i produttori in situazioni di potere tendono ad indebolire la sovranità dei consumatori, ad incrementare la produzione dei loro beni oltre la quantità efficiente e a ridurre la disponibilità di beni e servizi pubblici attraverso una sovrapproduzione di beni privati che vengono sempre più richiesti a causa di un processo di pubblicità aggressiva che crea una domanda artificiale rispetto ai bisogni vitali degli individui e delle loro autentiche necessità. Conseguentemente si osserva come un sistema capitalista aggressivo infranga puntualmente i diritti umani fondamentali in modo particolare delle popolazioni deboli, violi principi etici e permetta ad individui e grandi gruppi multinazionali di entrare in possesso delle proprietà statali per il proprio uso e consumo.

Basterà ricordare come il grande teorico della letteratura economica classica, Adam Smith, il quale ha introdotto la teoria della mano invisibile, abbia descritto l'etica e l'equità quali attributi essenziali dei principi del libero mercato.

Effettivamente i governi democratici cercano di adattare alla realtà i principi base della libera economia di mercato e di non seguire gli schemi della logica capitalista, tanto che gli interventi che il governo realizza nell'ambito dell'attività economica non sminuiscono il concetto suddetto. Questo poiché la dimensione e l'importanza di un intervento governativo dipendono in genere da questioni politiche piuttosto che da quelle economiche.

4. Le imposte e la politica fiscale dello Stato

Da questo punto della trattazione in poi supporremo che il principale obiettivo delle imposte sia finanziare la politica fiscale scelta dal Governo, sia che si tratti di uno che segua la teoria dello Stato minimo, con una serie di interventi ridotti sull'economia, sia che prediliga un approccio interventista, caratterizzato invece da un cospicuo numero di intromissioni. La scelta di quale politica economica adottare deriva dalle diverse linee di pensiero che contraddistinguono i vari partiti politici, ove alcuni sostengono un approccio minimalista, altri invece quello interventista, ma la maggioranza tende a scegliere una soluzione mediana fra i due estremi.

In ogni caso i partiti politici si contendono le preferenze dell'elettorato, ma poi una volta eletto il Governo è libero, sempre nel rispetto dei limiti costituzionali e con il consenso del parlamento, di agire al fine di attuare la sua politica economica. Tralasciando gli aspetti puramente politici, il punto fondamentale su cui si vuole focalizzare l'attenzione sono una serie di linee guida per la costruzione di un "buon" sistema fiscale.

Perciò dato che il sistema tributario è l'espressione economica del contratto sociale, dovrà essere rappresentazione del consenso generale e si potrà presupporre l'esistenza di tale consenso solo se le imposte seguiranno i quattro canoni della buona imposizione.

5. Uguaglianza ed efficienza nell'applicazione delle imposte

Tradizionalmente, l'obiettivo primario nella quotidiana applicazione delle imposte consiste nel raggiungere l'equilibrio tra uguaglianza ed efficienza.

Infatti si tratta di un pensiero comune quello secondo cui l'uguaglianza, da un punto di vista morale che etico, sia l'obiettivo ultimo di ogni società democratica. Purtroppo però quest'ultima riduce l'efficienza, anche se il maggior contrasto tra valori si genera fra l'efficienza e le esigenze di uguaglianza. Proprio l'equilibrio tra questi due elementi è il fine costante che ci proponiamo di affrontare. Essi sono poi oggetto di studio in discipline differenti: l'efficienza è materia di cui si occupano prettamente gli economisti, mentre la *fairness* e l'uguaglianza sono di maggiore interesse per i filosofi.

Questa diversità di prospettive gioca un ruolo importante perché l' "ottimalità" di un sistema tributario pu essere tale dal punto di vista giuridico, ma non dal punti di vista economico o filosofico, e così via. Lo stesso vale per la teoria della tassazione ottimale, ossia un insieme prescrizioni di politica tributaria che tendono a massimizzare il benessere sociale dato un determinato reddito. E naturalmente vale anche per altri temi che costituiscono, per così dire, corollari di quelli sopra tratteggiati:

1. Quale sia la migliore base imponibile, il reddito, il consumo o i ricavi netti;
2. Se l'imposizione debba essere progressiva; quale sia la distorsione economica generata da un determinato sistema tributario e come lo stesso riduca, nel caso, il benessere generale;
3. Quale sia il sistema fiscale con il minor impatto distorsivo dal punto di vista economico;
4. Quale dovrebbe essere la miglior combinazione di sistemi tributari o se la principale imposta personale debba derivare da un sistema ibrido.

Infatti l'implementazione di un sistema tributario veramente equo richiede in via preliminare l'analisi di numerosi quesiti: tanto per iniziare, perché un sistema fiscale deve essere equo?
Come si può misurare l'eguaglianza?
Si può utilizzare il concetto di giustizia mentre si desidera ardentemente l'eguaglianza?
Come si è già evidenziato la giustizia è un concetto multidimensionale, mentre l'uguaglianza è più oggettiva e sicuramente misurabile. Poiché si preferiscono i concetti sia di uguaglianza

orizzontale che verticale dovremo iniziare l'analisi cercando il corretto metro di giudizio, il quale ci permetterà di distinguere i contribuenti posti in eguali condizioni da quelli invece che si trovano in situazioni differenti tra loro. Tale distinzione non è per nulla intuitiva e bisognerà considerare numerose variabili in tal senso.

La differenza tra i due ideali di efficienza ed eguaglianza non è né chiara né semplice. Si ponga il caso che il governo abbia deciso di adottare una determinata politica economica o sociale e sia quindi alla ricerca del miglior strumento per raggiungere il proprio obiettivo. Ora, come si vedrà nel prosieguo della trattazione, uno dei mezzi adottabili è un'imposta pigouviana che può essere utilizzata per scoraggiare le attività che si caratterizzano per la produzione di effetti esterni negativi o al contrario per promuovere o incoraggiare comportamenti sociali ed economici che implicano un incremento di effetti positivi nella società.

Si supponga che il governo voglia ridurre il divario economico-sociale e abbia quindi deciso di adottare misure per la redistribuzione della ricchezza.

Quest'ultimo, al fine di attuare tale politica, potrebbe optare per un sistema tributario non discriminatorio per finanziare le uscite dirette (es. i sussidi statali, l'istruzione pubblica, il servizio sanitario nazionale ecc.) oppure utilizzare direttamente il sistema tributario stesso per redistribuire la ricchezza nazionale, ad esempio attraverso un'imposizione personale progressiva. D'altra parte in dottrina vi è chi sostiene che un'imposizione personale progressiva non sia uno strumento discriminatorio poiché, data l'utilità marginale decrescente del reddito, assicura il rispetto dei requisiti basilari dell'eguaglianza verticale.

Altri invece (James Mirrlees) hanno ipotizzato di integrare la teoria della tassazione ottimale con la funzione dello stato sociale, partendo dall'assunto che l'utilità marginale del reddito è effettivamente decrescente.

È da sottolineare come l'utilizzo del sistema tributario per promuovere obiettivi di tipo economico e sociale (es. incoraggiare l'investimento di capitali, l'incremento dell'occupazione, limitare l'urbanizzazione e l'aggregazione eccessivi della comunità, favorire l'utilizzo delle energie rinnovabili e proteggere l'ambiente) presenti un costo davvero alto, dato che viene attuato, in via principale, attraverso l'introduzione di una serie di incentivi fiscali.

Questi ultimi infatti presentano numerose conseguenze negative quali l'incremento di complessità del sistema, una forte distorsione delle scelte economiche e soprattutto una perdita di trasparenza, la quale invece dovrebbe essere il criterio guida del governo per la scelta di quali spese affrontare e di come allocare le risorse. Infatti, nel caso in cui il governo decida di perseguire una determinata politica attraverso l'utilizzo di sussidi diretti, ogni membro della comunità potrà controllare le spese annuali effettuate consultando il bilancio statale e in questo modo riuscirà, se necessario, a criticare la politica di governo e le sue spese.

Invece, con gli incentivi fiscali la situazione si presenta in modo differente, poiché gli stessi si caratterizzano per la mancanza di alcuni elementi fondamentali, in primo luogo la trasparenza. Infatti, da un lato, è praticamente impossibile valutare quale sia il beneficio che gli stessi creano e, dall'altro, non si può verificare quali siano i veri fruitori degli stessi.

Generalmente questi sono strumenti che i politici utilizzano per confondere i membri della comunità e per nascondere quali siano le spese reali dello Stato, oltre al fatto che in un sistema di imposizione progressiva gli incentivi fiscali determinano l'enorme beneficio del risparmio d'imposta a vantaggio dei contribuenti più agiati.

Si noti che questa considerazione non attiene alla possibilità di ridurre la pressione fiscale a coloro i quali essendo più efficienti ricavano maggiori introiti, ma riguarda il fatto che gli incentivi siano concessi indirettamente, in un modo che non è né chiaro né trasparente per la maggior parte dei contribuenti. A ciò si aggiunga che mentre un'allocazione diretta delle risorse dovrebbe essere espressamente approvata ogni anno dal parlamento, gli incentivi fiscali, dall'altro lato, una volta inseriti nella normativa tributaria, rimangono in vigore fino a quando una nuova normativa non li abroghi.

Infatti, se la dottrina maggioritaria guarda con sfavore all'utilizzo degli incentivi fiscali, alcuni studiosi contrariamente ritengono che attraverso l'uso di questi ultimi si possano eliminare o per lo meno ridurre sia il costo complessivo della riscossione dei tributi sia il meccanismo di spesa dello Stato, dato che gli obiettivi nazionali vengono raggiunti in modo più efficiente e senza spese.

Lo scopo di queste riflessioni era quello di dimostrare come in ogni sistema tributario convivono un elevato numero di concetti, principi, idee e regole di diverse discipline: filosofia, economia, politiche pubbliche, scienza delle finanze, contabilità e diritto nelle sue varie forme di interpretazione e ragionamento giuridico.

Inoltre l'avvento del costituzionalismo moderno ha aggiunto un'ulteriore sfaccettatura alla discussione, in quanto ogni sistema legislativo può ora trovarsi soggetto a vaglio di compatibilità costituzionale da parte delle corti competenti (Corte costituzionale o Corte Suprema).

Infatti ogni norma deve rispettare ed osservare i principi e le disposizioni espresse nella costituzione dello Stato. Sicuramente interessante sono gli aspetti di costituzionalità dell'entrata in vigore di ogni imposta sia dal profilo formale del potere di riscossione della stessa sia da quello dei caratteri qualificanti l'imposta. Se dal giudizio finale risulta la violazione dei principi costituzionali da parte di una determinata imposta, allora si dovrà condurre un accertamento sulle giustificazioni di tale violazione. Per di più, la moderna interpretazione giuridica delle norme tributarie richiede all'interprete una certa familiarità con concetti giuridici, sociali, culturali ed economici, che verranno trattati nel prosieguo.

Capitolo 4. Definizioni e obiettivi delle imposte

1. Le imposte come prezzo per i beni e i servizi pubblici

Una definizione comunemente accettata di imposta è quella che la individua come un pagamento imposto dall'autorità senza un corrispettivo immediato: lo si è già indicato ai paragrafi precedenti. I giuristi tendono ad enfatizzare il fatto che il contribuente non riceve, a fronte del pagamento dell'imposta, un corrispettivo diretto e di ugual valore dall'ente che rende obbligatorio quel pagamento.
Dal punto di vista sostanziale tutte le imposte sono basate sul consenso. Ma almeno nella

prospettiva teorica si deve necessariamente ammettere che tutti i contribuenti ricevano qualcosa in cambio del loro pagamento delle imposte: si tratta in particolare dei beni e dei servizi pubblici che lo Stato offre. Vista in questa prospettiva, l'imposta altro non è che il prezzo stimato di questi beni e servizi pubblici consumati da tutti i contribuenti. Il fatto che l'imposta non sia un pagamento volontario ma un contributo forzato esigibile in base alla legge e in forza di un atto dell'autorità è solo un riflesso della necessità di riscuotere le stesse imposte in modo efficiente e di superare quel fenomeno pernicioso definito come *free riders*.

Sono definiti tali i membri della comunità che traggono vantaggio da beni o servizi pubblici senza pagarne il relativo prezzo: anche questo è un tema già menzionato in precedenza.

Inoltre ogni acquisto di beni o servizi ha come conseguenza l'obbligazione giuridica di pagare il loro prezzo, e in fin dei conti la logica che funziona nel mercato e fra privati funziona anche nel caso di servizi o beni forniti dallo Stato.

In altri termini le imposte sono fondate anche sul principio del beneficio, che è quello che più o meno consciamente si segue quando si compiono le scelte basilari dell'economia: se convenga oppure no comprare un determinato prodotto o godere di un particolare servizio.

Dall'altro lato le imprese e i produttori di ricchezza non possono fare a meno dei servizi resi dallo Stato per lo svolgimento della loro attività. Senza lo Stato che offre servizi, beni pubblici e forma il capitale sociale (educazione, formazione professionale e così via) nessuno sarebbe in grado di lavorare di produrre e di generare reddito, e neanche di consumare adeguatamente altri servizi. In altre parole, la produzione di ricchezza è un fenomeno inscindibile dall'attività congiunta delle imprese e dello Stato. L'autorità pubblica investe in infrastrutture fisiche e sociali e concorre al mantenimento del capitale sociale domestico.

Questo è quello che noi definiamo, con un ragionevole grado di approssimazione, come approccio congiunto alla produzione di ricchezza.

Ma la teoria del beneficio ci aiuta anche a comprendere il vantaggio che noi traiamo dal pagamento delle imposte come semplici consumatori o proprietari di immobili: insomma dal lato-consumo.

La possibilità di consumo, sia nel momento corrente che in futuro di beni o servizi è possibile solo in una società civilizzata è organizzata con mercati che funzionano e regolati da istituzioni finanziarie efficienti.

Inoltre tutti noi consumiamo direttamente beni e servizi pubblici come la difesa nazionale la tutela della proprietà, l'ordine sociale e legale e così via. Tutti questi beni hanno un costo ea questo posto si fa fronte attraverso il pagamento delle imposte.

Ecco perché in estrema sintesi da un punto di vista economico filosofico e sociale forse sarebbe meglio definire l'imposta in una società democratica come un pagamento corrispettivo per i beni e i servizi pubblici messi a disposizione da un Governo che gode della fiducia di un Parlamento eletto nell'ambito di uno stato di diritto.

2. La definizione giuridica di imposta

La definizione giuridica più rigorosa di imposta necessità di qualche ulteriore precisazione rispetto a quanto sostenuto nel paragrafo precedente.
Dal punto di vista giuridico un'imposta può essere definita come un pagamento obbligatorio preteso in base alla legge che si presume essere corrispettivo di beni e servizi che lo stato di diritto offre al pubblico. Tale pagamento effettuato a favore del bilancio generale senza che esso sia vincolato a uno scopo specifico.
La ragione di questa precisazione deriva dal fatto che le imposte sono basate sul consenso. Si tratta tuttavia di una finzione poiché è piuttosto difficile per lo Stato dimostrare il consenso di ogni singolo consociato al pagamento di ogni singola imposta. Di conseguenza tale consenso generalizzato è soltanto presunto. Mentre in Italia questa

presunzione è di natura assoluta, in altri ordinamenti democratici, come quello statunitense, il tema del consenso all'imposizione è affrontato in modo più rigoroso.
In America già nel 1938 La corte suprema aveva sostenuto che:

> *"L'imposta non è né una penalità che grava sul contribuente, né un debito che deriva da un contratto. Essa è piuttosto un modo di ripartire il costo della cosa pubblica fra tutti coloro che in una misura o nell'altra da essa traggono vantaggio"* (Welch v. Henry et al. 305 US 134 pp. 146-7).

Un'analisi attenta rileva tanti profili di interesse.
Primo: l'obiettivo di un'imposta è di finanziare le spese pubbliche in ragione del principio del beneficio. Secondo: l'obbligo di pagare le imposte non è basato su schemi contrattuali. Terzo: il pagamento delle imposte non dovrebbe avere una finalità punitiva.
Il primo e il terzo di questi punti confermano quanto sostenuto in questo libro. Il secondo invece potrebbe apparire contraddittorio rispetto a quanto si è detto in tema di consenso all'imposizione.
Si osservi tuttavia che per quanto precisa e rigorosa la definizione di imposta possa essere, essa a volte entra in conflitto con la visione delle

Corti Supreme o delle Corti costituzionali dei diversi Paesi.

Questo è particolarmente evidente nell'esperienza statunitense nel precedente *National Federation of Independent Business v. Sebelius* deciso nel 2012 (d'ora in poi *Sebelius*).

In questo contesto il giudice Roberts ebbe modo di sostenere:

> "*Spesso le imposte sono anche utilizzate per influire sul comportamento dei consociati e non solo per acquisire risorse finanziarie*".

Egli intendeva riferirsi con questo alla posizione presa da un altro giudice della Corte Suprema, il giudice Story, laddove aveva avuto modo di sostenere che:

> "*Il potere di imposizione è spesso molto utilizzato per una finalità ulteriore rispetto a quella strettamente fiscale*" (*United States v. Sanchez*) .

In questi casi il giudice Ginsburg tende a rifiutare l'idea secondo la quale i pagamenti cui lui fa riferimento debbano essere considerati come sanzioni o come imposte. La sua analisi indica che questi versamenti debbano essere in realtà considerati come pagamenti obbligatori di natura pigouviana, che possono essere applicati in modo conforme alla "*Commerce clause*" Art. 1, Sec. 8, clausola 3, e non conformemente al potere di imposizione Art. 1, Sec. 8, clausola 1 della Carta fondamentale statunitense.

3. Gli obiettivi delle imposte

Gli obiettivi del sistema tributario sono chiari, semplici e limitati se si esauriscono nel finanziare le spese derivanti dalla politica fiscale dello Stato e del Governo.

A sua volta la politica governativa si riflette nelle priorità che sono approvate anno dopo anno dal Parlamento attraverso la legge di bilancio.

Ci sono tuttavia anche altre prospettive attraverso le quali si può guardare al diritto tributario: una di queste vede l'imposta come uno strumento efficiente di distribuzione del reddito nazionale. Le imposte per chi segue questa prospettiva hanno un ruolo chiave nel promuovere e nell'assicurare la giustizia sociale e distributiva.

Se Tuttavia ci limitiamo ad accettare che l'obiettivo dei tributi sia solo quello di finanziare le spese decise dal Governo e dal Parlamento, allora dobbiamo anche rispondere a 2 altri interrogativi: più precisamente ci dovremmo chiedere che ammontare di risorse lo Stato possa richiedere a tutti i consociati, e poi, ancora, come questo ammontare dovrebbe essere distribuito fra tutti i membri della società.

La prima di queste due domande suscita a sua volta due interrogativi: il primo riguarda la dimensione dell'attività governativa, o meglio pone il problema di quanti e quali settori dovrebbero ricadere nell'area di intervento dello Stato. Se sia ad esempio meglio avere un intervento minimo da parte dello Stato che si trattiene il più possibile dall'intervenire sulle attività del mercato o se sia meglio avere uno Stato più intrusivo, che si fa carico di fornire un maggior numero di beni e servizi pubblici.

In base a un approccio economico comunemente accettato il migliore e più efficiente strumento per promuovere il benessere e il welfare è il libero mercato e la valorizzazione del settore privato. L'economia di libero mercato offre attraverso la mano invisibile il miglior livello di benessere a tutta la società. Tuttavia, anche se si accetta questa teoria, bisogna al contempo riconoscere che il settore privato non è in grado di fornire in modo efficiente proprio tutti i beni e i servizi che la società e i suoi membri richiedono.

Proprio in ragione di alcuni fallimenti del mercato e dei *free riders* (cui si è fatto cenno in precedenza) il settore privato è incapace di fornire alcuni beni e servizi in modo efficace ed efficiente preservando al tempo stesso i principi di democrazia e uguaglianza.

Questi servizi sono definiti come beni e servizi pubblici, come ad esempio la sicurezza nazionale la stabilità economica il sistema legale e la sua attuazione.

La più evidente caratteristica dei beni e servizi pubblici è che essi non sono competitivi, vale a dire che il loro consumo da parte di un consociato non riduce il loro consumo da parte di tutti gli altri, e che essi non sono beni o servizi divisibili: nessuno può essere effettivamente escluso dalla loro fruizione.

I propugnatori di un intervento statale minimo ritengono che il governo debba farsi carico di un numero altrettanto minimo di beni e servizi pubblici per raggiungere questo obiettivo: è quindi logico che l'ammontare di risorse richieste ai consociati sia altrettanto ridotto. In questa prospettiva lo Stato minimo dovrebbe intervenire sul mercato solo nell'ambito di ipotesi altrettanto circoscritte.

In opposizione ai fautori dello Stato minimo ci sono coloro che ritengono che il ruolo dello stato in realtà debba essere più ampio.

Il Governo e lo Stato dovrebbero promuovere cause sociali, garantire una giusta ridistribuzione della ricchezza nazionale partendo dal presupposto che la distribuzione causata dalle forze di mercato non sia del tutto giusta e neppure etica, e giocare un ruolo attivo nella vita economica di una nazione.

Di conseguenza lo Stato non dovrebbe essere minimo, autolimitandosi così a un ristretto campo di intervento, ma dovrebbe fare qualsiasi cosa necessaria per raggiungere questi obiettivi economici nazionali e sociali, ivi incluso ottenere risorse dai consociati attraverso il sistema tributario, e non necessariamente con aliquote basse.

A. Le ragioni e la *ratio* che muovono a favore di un concetto restrittivo di imposta

Come osservato in precedenza la definizione di imposta è basata sul fatto che gli obiettivi della sua applicazione siano chiari, semplici e limitati: finanziare le spese dello Stato che siano conformi alla sua politica fiscale manifestata nella legge di bilancio annuale.
Si tratta tuttavia di un approccio molto restrittivo. Abbiamo anche già detto in precedenza che la fiscalità è anche uno strumento molto efficiente per redistribuire il reddito nazionale. Le imposte da questo punto di vista hanno un ruolo significativo nel promuovere e nel migliorare la giustizia distributiva. Un approccio molto simile è quello secondo il quale le imposte dovrebbero avere anche una finalità regolatoria, ad esempio attraverso incentivi fiscali che possono indurre le imprese o i cittadini ad agire e comportarsi in un modo piuttosto che in un altro.
La ragione di fondo di questi diversi approcci è quella per la quale l'intero sistema tributario può

diventare uno strumento utile per promuovere una società più giusta ed efficiente. Sfortunatamente l'esperienza ci insegna che almeno negli ultimi 10 anni, e negli Stati Uniti d'America, una definizione ampia del concetto di imposta e una dilatazione eccessiva degli obiettivi che attraverso essa si intende perseguire porta a una direzione completamente opposta.

Ci porta cioè a un sistema fiscale ingiusto e regressivo che ci conduce a sua volta a una povertà crescente, a *gap* sociali, e infine a un rallentamento della crescita economica complessiva.

Di conseguenza, l'approccio al concetto di imposta e di diritto tributario nonché ai suoi obiettivi che qui si segue è diverso.

L'obiettivo che qui ci si pone è di garantire un'analisi accurata del diritto tributario che si sforza di prevenire ogni deviazione dal modello semplice di tributo e dai suoi obiettivi originali.

Il motivo per il quale questo approccio è da ritenersi preferibile è duplice.

Da un lato si cerca di evitare che lo Stato imponga pagamenti obbligatori qualificandoli impropriamente come imposte.

Dall'altro lato si cerca di evitare che lo Stato introduca disposizioni di natura tributaria che costituiscano privilegi ingiusti per gruppi limitati di persone in modo occulto e senza la possibilità di controllo pubblico.

Le imposte in generale e le imposte sul reddito in particolare non necessariamente sono misure finalizzate alla redistribuzione della ricchezza.
Alcuni Stati perseguono questo obiettivo, mentre invece altri no. Insomma un sistema tributario non deve per forza essere finalizzato alla redistribuzione per poter essere considerato costituzionale.
Dall'altro lato numerosi economisti di fama internazionale come George Stigler e Jean Tirole hanno da tempo osservato come la maggior parte degli sforzi condotti dagli Stati per tassare in modo più giusto le grandi imprese multinazionali siano stati di fatto frustrati dalla capacità di queste imprese di ristrutturarsi e di eludere così le diverse pretese impositive.
Oltre a tutto questo sussiste anche un costante pericolo che i funzionari governativi i dirigenti dell'amministrazione finanziaria e lo stesso legislatore siano, per così dire, "catturati" dalle stesse imprese che loro dovrebbero regolare e controllare in ragione di diversi fattori umani.
Nell'ambito della legislazione tributaria ogni sistema complesso senza una chiara definizione degli obiettivi che intende perseguire, prima o poi, finisce per essere piegato agli interessi di una coalizione composta da politici e funzionari giuristi e lobbisti che fanno capo a gruppi di influenza.

Ne consegue che una rigorosa e semplice definizione di imposta e i suoi obiettivi precisi e limitati dovrebbero essere considerati come il migliore antidoto di tutte quelle lobby che fanno della complessità la foglia di fico che nasconde i loro interessi.

In altre parole tutte le volte in cui i *policy-makers* scelgono di modificare il sistema fiscale nell'ottica di perseguire obiettivi diversi rispetto al semplice reperimento di risorse finanziarie nell'interesse dello Stato si genera un sistema tributario opaco che essenzialmente è utile soltanto a coloro che fanno parte di queste élite finanziarie, e che un economista come Joseph Stiglitz aveva nel 2011 definito come *"l'1% per il 1% dall'1%"*.

L'esperienza ci dimostra che la maggior parte delle riforme tributarie introdotte in diversi Paesi in generale e negli Stati Uniti d'America in particolare ha servito gli interessi delle grandi imprese multinazionali e dei proprietari del capitale, e ha condotto a un costante incremento delle ingiustizie sociali rendendo così il sistema statunitense uno dei più regressivi. La situazione in Italia invero non è molto diversa.

La soluzione che invece dovrebbe essere preferibile, vale a dire quella che accoglie una definizione più ristretta del termine imposta con obiettivi limitati, che è forse la più coerente con la Costituzione degli Stati Uniti d'America, permette invece un controllo più efficace sia del pubblico che dell'ordinamento giudiziario.

Questa non è naturalmente una valutazione di natura politica o di politica fiscale, il punto è piuttosto quello secondo il quale la promozione di obiettivi sociali ed economici ha come conseguenza significative distorsioni delle decisioni economiche. Se è intenzione dello Stato, ad esempio, quella di promuovere determinate attività economiche o particolari stili di vita, questo non dovrebbe essere attuato attraverso la modifica di norme impositive, dettando alcune attività o limitando l'imposizione su alcuni stili di vita, ma dovrebbe essere invece eseguito sul lato della spesa spendendo di più in un contesto oppure nell'altro.

Intervenire sul lato spesa da parte del governo permette così un controllo più efficace e trasparente da parte dei consociati nel momento in cui annualmente viene approvata la legge di bilancio.

Se il governo utilizza le spese o politiche sul lato della spesa per conseguire la sua politica fiscale i consociati sono in grado di tracciare annualmente l'intervento dello stato nel bilancio periodico e possono così controllare e criticare le politiche del governo sul lato della spesa.

 Se invece si sceglie di intervenire sul lato entrata modificando quindi le norme impositive si registrano gravi lacune.

Tutte le politiche fiscali che sono adottate sul lato dell'entrata non sono trasparenti è quasi impossibile valutare i benefici che esse possono creare e identificare chi in effetti ne trae la maggiore utilità. Inoltre, secondo i principi del bilancio, il Parlamento deve approvare ogni anno le spese delle risorse pubbliche e le scelte in questo senso da parte del governo mentre invece gli incentivi di natura fiscale, salvo che non sia diversamente stabilito nella stessa norma una volta entrata in vigore restano per sempre eludendo così ogni successivo controllo.

Gli incentivi fiscali in realtà sono così degli strumenti creati per nascondere spese del governo al controllo pubblico e come è stato osservato in precedenza. Nell'ambito di un sistema tributario che sia effettivamente progressivo questi interventi offrono i massimi benefici in termini di Risparmio di imposta soprattutto ai contribuenti il cui reddito è molto elevato.

Questo esempio, in realtà, paradossalmente potrebbe anche non essere del tutto sbagliato. Potrebbe essere frutto di una politica fiscale da un certo punto di vista anche ragionevole: quella di incoraggiare e premiare i contribuenti più efficienti, che creano più ricchezza che hanno un reddito più elevato, e penalizzare invece quelli poveri o magari privi di talento, e quindi di reddito. A una condizione però: che questa politica sia resa trasparente sia per quello che è sia per le conseguenze che da essa derivano.

Accogliere una nozione restrittiva di Imposta ha anche un altro vantaggio: quello di distinguere il tributo da altre forme di pagamento obbligatorio. La ragione di questa distinzione deriva da una discussione che è avvenuta dal punto di vista giuridico e costituzionale .

Negli Stati Uniti, come in Italia, la legislazione deve essere conforme a principi costituzionali e coerente con il quadro normativo nel quale si va ad inserire. Questo significa che al di là del dato letterale dovrebbe essere possibile è agevole per i consociati comprendere l'onere tributario che su di essi insiste, e avere contezza di come quelle risorse siano state effettivamente impiegate di modo da poter poi valutare in sede elettorale il comportamento del governo e della maggioranza che lo sostiene.

In altri termini, se il Governo con il *placet* del Parlamento introduce un'imposta, spetta al consociato dimostrare che non è stata impiegata in modo utile. Ma se lo Stato introduce una forma di incentivo per alcune imprese o soltanto per una categoria ristretta di consociati spetta a quest'ultimo dimostrare la ragionevolezza di questo incentivo e la sua natura non discriminatoria.

Mentre cioè tutti quanti devono pagare le imposte sapendo che a fronte di tale pagamento riceveranno beni e servizi pubblici magari non determinati in modo puntuale e analitico, ma pur sempre sussistenti, nella misura in cui tale obbligo generalizzato venga meno in tutto o in parte per una limitata categoria di contribuenti i quali beneficiano di esenzioni riduzioni o agevolazioni di varia natura spetta invece al Governo motivare il perché di questa deroga e le ragioni di un trattamento differenziato rispetto a tutti gli altri.

Sembrerebbe una osservazione di natura puramente teorica se non fosse che la Corte costituzionale in Italia e la Corte Suprema in altri Paesi come ad esempio negli Stati Uniti, può intervenire in questo contesto arrivando a sindacare la ragionevolezza di determinate scelte.

4. Incentivi fiscali e altre agevolazioni

Una volta che si accetta l'idea di un sistema tributario basato su un modello di imposta semplice con una ragionevole base imponibile e aliquote fiscali trasparenti qualcuno potrebbe pensare che queste regole possano trovare applicazione a tutti i contribuenti in modo uguale.

Sfortunatamente accade che il legislatore, i politici e le lobby abbiano qualche difficoltà nell'accettare questa idea. Di fatto ogni sistema tributario, sia esso quello italiano o statunitense, riconosce diversi incentivi ed esenzioni finalizzati a ridurre l'onere tributario per determinati gruppi o per qualificate attività.

Dal punto di vista lessicale molto spesso si fa riferimento a incentivi fiscali o abbattimenti d'imposta, in inglese *"Reliefs and incentives"* , come se fossero sinonimi: in realtà c'è una differenza profonda fra i diversi strumenti utilizzati dal legislatore per ridurre la pretesa tributaria: differenza che trova le sue fondamenta nella ragione per cui tale incentivo (o agevolazione) viene riconosciuto.

IN italia si fa riferimento in questi casi a detrazioni d'imposta o deduzioni (dell'imponibile). Pur agendo su elementi diversi (rispettivamente appunto il tributo dovuto o l'imponibile su cui si calcola il tributo) hanno comunque lo stesso effetto, quello di alleviare l'onere tributario sul contribuente.

Nei paesi anglosassoni invece la prospettiva è diversa: invece di parlare di "agevolazioni" o "detrazioni o "deduzioni" si preferisce utilizzare il concetto di (*tax expenditures*).

Sono molteplici, anche in questo caso, le ragioni per la loro concessione; esse possono essere tuttavia ascritte, con un ragionevole grado di approssimazione, alle seguenti categorie:

1. La prima categoria, invero, non è considerata un incentivo. Essa deriva dal diritto costituzionalmente garantito alla dignità umana e alla sopravvivenza, e in un certo senso dallo stesso principio del beneficio. Il riferimento è a quelle disposizioni che sono finalizzate ad escludere dalla base imponibile un quantitativo di risorse sufficienti per permettere al contribuente di condurre

una vita dignitosa. Esse cioè tracciano una linea di reddito minimo oltre la quale il governo non dovrebbe tassare i contribuenti per i beni e servizi pubblici che comunque offre anche a loro.

Ci sono due ragioni e giustificazioni per questo: la prima è la più semplice, ed è quella secondo cui le imposte non dovrebbero violare il diritto basilare e costituzionalmente garantito alla sopravvivenza. Le imposte non dovrebbero mai portare le persone al di sotto della linea di povertà. In ordine a poter garantire questo risultato, tutti i sistemi tributari, quello italiano come anche quello statunitense, garantiscono esenzioni ed esclusioni d'imposta dal punto di vista personale. La seconda ragione è che una persona che sia al di sotto del minimo vitale nei fatti ottiene pochi benefici se non nessuno addirittura, da parte dei beni e dei servizi pubblici. Il problema più significativo di queste disposizioni vale a dire deduzioni ed esclusioni d'imposta è che esse sono rese disponibili a tutti i contribuenti anche a quelli più ricchi. Di conseguenza esse garantiscono risparmi di imposta più elevati a quelli che guadagnano di più. In genere, questo secondo effetto perverso è limitato o sterilizzato da disposizioni che riducono l'incentivo al crescere della base imponibile. Quindi in sintesi maggiore è il reddito minori sono questi incentivi garantiti.

2. La seconda categoria di incentivi fiscali ha che fare con agevolazioni per persone in stato di bisogno o per particolari circostanze personali. Esse dipendono in buona misura dalla sensibilità del legislatore e quindi variano da Stato a Stato, da Paese a Paese. Tuttavia con un ragionevole grado di approssimazione esse possono essere ricondotte a queste categorie: spese mediche, spese per l'educazione, spese per l'educazione prescolare per studenti in stato di bisogno o con speciali necessità, costi sostenuti per garantire l'educazione a studenti con diversa abilità, costi di trasporto per le scuole o per fruire di terapie sanitarie, spese per equipaggiamento medico e così via. La ragione di questi incentivi sta nel fatto che essi garantiscono esternalità positive all'intera società. Consociati meglio formati dal punto di vista intellettuale, è più sani dal punto di vista fisico, formano una società migliore.

Tuttavia, va al contempo riconosciuto che il prezzo di questa politica fiscale è veramente molto alto. Innanzitutto, questi incentivi significano molto per i contribuenti che hanno un reddito molto elevato è molto poco per quelle famiglie con un reddito veramente molto basso. In effetti con un reddito ridotto, o pari a zero, un incentivo fiscale nella forma di una riduzione di imposta è altrettanto molto basso, o pari a zero. Inoltre, In un certo qual modo, questi incentivi fiscali finiscono per surrogare un efficiente *Welfare* e programmi formativi che potrebbero essere garantiti con quelle risorse che invece vengono lasciate ai contribuenti. La scelta di garantire esenzioni fiscali e non un migliore *Welfare* alle persone in stato di bisogno in fin dei conti altro non è che una indicazione del fatto che lo stato ha fallito nel garantire quella assistenza alla quale invece è chiamato.

Ecco allora che lo Stato stesso preferisce privatizzare una buona parte dei servizi sociali assistenziali e formativi garantendo però al contempo ai contribuenti una riduzione di imposta per fruire di quegli stessi servizi. Si tratta di un caso di "fallimento del mercato" (*market failure*) nel senso che si era indicato ai paragrafi precedenti ed è anche un caso in cui l'attività di *lobby* di cui si era fatto riferimento ancora in precedenza ha avuto particolare successo. Queste forme di incentivazione fiscale altro non fanno che incrementare il GAP fiscale all'interno della società.

3. Il terzo gruppo di incentivi fiscali deriva dalla incapacità dello Stato di garantire altri beni pubblici a particolari gruppi della popolazione. In quel caso membri di un gruppo potrebbero essere riluttanti nel pagare appieno le imposte da loro esigibili. Come si è indicato in precedenza, senza un consenso reale diretto e costruttivo, l'obbligo di pagare le imposte difficilmente potrebbe reggere un sindacato giurisdizionale in molti Paesi come ad esempio gli Stati Uniti d'America. Ecco che allora, qualora neppure dal punto di vista presuntivo si possa immaginare che un particolare gruppo di persone presti consenso all'imposizione, in ragione del fatto che proprio nei confronti di quel particolare gruppo di consociati lo stato non è in grado di garantire beni e servizi pubblici, particolari incentivi o deduzioni fiscali operano in chiave compensativa o risarcitoria.

Volendo semplificare, e con un linguaggio un po' più diretto, potrebbe essere sostenuto che lo stato non garantisce servizi o non garantisce i servizi a pieno e a loro non fa pagare le imposte o non le fa pagare appieno. Dal punto di vista teorico si pensi a questo esempio: si immagini un cittadino che abbia subito un furto e quindi abbia perso buona parte della sua ricchezza in denaro beni mobili gioielli e così via. Un furto altro non è che un fallimento da parte dello Stato di garantire uno dei servizi essenziali quello della sicurezza e della tranquillità per tutti i consociati. Allora, dal punto di vista logico, dovrebbe essere permesso a chi ha subito un furto di dedurre il valore della perdita dalla base imponibile delle sue imposte in ragione del fatto che a fronte del fallimento dello Stato nel garantire il servizio pubblico, anche lo stesso contribuente dovrebbe essere messo in condizione di non pagare appieno le imposte dovute. Si tratta tuttavia di un esempio puramente teorico e accademico poiché nulla di tutto questo accade in Italia e anche negli Stati Uniti un riconoscimento fiscale di questi eventi delittuosi è particolarmente limitato (code. sec. 165).

4.   Un altro tipo di incentivo fiscale che è garantito soltanto ad alcuni categorie di contribuenti è quello che deriva dall'aver eseguito o promosso obiettivi statali a fronte di un sensibile ammontare di costi e spese. Senza dubbio queste attività condotte nell'ambito del settore privato portano a sensibili esternalità positive e permettono allo Stato di ridurre spese che

altrimenti avrebbe dovuto sostenere.

Non è dunque ragionevole richiedere a quei contribuenti che hanno manifestato un comportamento proattivo di questo tipo di sostenere anche l'onere tributario come tutti gli altri. In fin dei conti, finirebbero per pagare due volte. Ecco che allora spese speciali possono essere fiscalmente deducibili. Anche la tipologia e la natura di queste spese varia in Italia, in Europa, e al di là dell'oceano.

Si pensi ad esempio a dei costi sostenuti per la ricerca e lo sviluppo. Oppure ancora al riconoscimento di incentivi fiscali per lo sfruttamento del sottosuolo: strategia che può essere vista come una scelta finalizzata all'interesse dello Stato nel perseguire l'indipendenza energetica e la crescita economica. In linea teorica per perseguire questo obiettivo lo Stato dovrebbe investire risorse e operare direttamente.

Tuttavia, dall'altro lato, l'economia di libero mercato rifiuta l'idea che lo Stato intervenga direttamente in queste attività di impresa. Ecco che allora quest'ultimo volendo intervenire, ma non potendolo fare, preferisce entrare in collaborazione con il settore privato, nel senso che l'imprenditore privato investe lavoro e risorse e dall'altro lato il socio silenzioso cioè lo Stato in questa iniziativa investe un capitale addizionale. Quindi, invece di allocare le risorse economiche necessarie attraverso elargizioni dirette donazioni di denaro o altre misure equivalenti, lo Stato persegue lo stesso obiettivo permettendo al privato la deduzione dei suoi investimenti e quindi una riduzione del debito d'imposta.

Come si vedrà in seguito la deduzione immediata delle spese di capitale comportano un significativo sconto dal punto di vista fiscale. Questa osservazione porta anche alla conclusione che quegli incentivi fiscali dovrebbero essere considerati come parti di una politica di prezzi pubblici negativa negativa. Essi infatti sono garantiti ai contribuenti a Fronte del loro contributo alle esternalità positive che finiscono per generare.

Si osservi tuttavia anche che questo tipo di incentivi fiscali, per quanto possano essere giustificati, in effetti suscitano anche effetti discutibili. Il problema maggiore è quello che riguarda la mancanza di trasparenza. Nessuno sa con assoluta certezza e in anticipo quanto denaro lo stato effettivamente spenda in questa forma di incentivazione, soprattutto se si compara questo modello di investimento con uno diverso: quello in cui ad esempio lo Stato e gli investitori privati concordano in anticipo quanto ciascuno di loro investirà effettivamente. Di conseguenza, questa forma di incentivo permette agli investitori privati di spendere tanto denaro quanto essi ritengano opportuno, e dall'altro lato tuttavia lo Stato dovrà adempiere alla sua parte dell'accordo riducendo in modo assolutamente simmetrico la pretesa impositiva.

In altri termini cioè questa forma di incentivo fiscale permette al contribuente di determinare il suo effettivo ammontare poiché tanto più questo investirà tanto più lo stato di riconoscerà come incentivo senza alcun limite se non altrimenti previsto dalla stessa norma giuridica. Ma c'è di più: in ragione del fenomeno definito in letteratura come di azzardo morale il settore privato potrebbe spendere più denaro di quello effettivamente necessario per realizzare l'obiettivo, creando una struttura di investimento assolutamente inefficiente. Ancora di più, questa forma di incentivo fiscale indica ancora una volta una scelta politica nel senso della privatizzazione di alcuni beni alcuni servizi che determinate *lobby* sono ansiose di promuovere. Il problema con la privatizzazione in questo contesto è che in alcuni casi essa contraddice con la missione di ogni Stato che è quella di garantire servizi e beni pubblici che il settore privato non è in grado di offrire in modo efficiente.

Insomma così come indicato la selezione avversa e rischio morale che creano i fallimenti di mercato in aree come la salute l'educazione sociale e l'assicurazione dovrebbero condurre un governo responsabile a essere sicuro che questo tipo di servizi siano forniti dal pubblico in un modo diretto universale ed efficiente.

Rinunciare a comportarsi in questo modo da un lato e promuovere le attività private a offrire quei beni e quei servizi a fronte di incentivi fiscali dall'altro lato potrebbe creare una situazione in cui soggetti privati spesso con un elevato potere politico ed economico finiscano per dominare alcune componenti economiche e di mercato in un regime non perfettamente democratico e al di fuori del controllo pubblico.

5. La quinta categoria di incentivi fiscali sono quelli che vengono definiti oramai anche in Italia come *tax expenditures* e dai quali in fin dei conti questa trattazione è cominciata. Queste disposizioni sono finalizzate a incoraggiare i contribuenti a svolgere certe attività o a mantenere certi comportamenti. Per esempio risparmiare

denaro per una vecchiaia così che il governo non si debba fare carico del Welfare degli anziani. Ancora, può essere il caso di speciali esenzioni che i lavoratori ricevono per i loro contributi a una assistenza medica integrativa o un'aliquota ridotta per le giovani madri finalizzata a incoraggiare il loro lavoro fuori casa. La grande maggioranza di accademici si oppone fermamente all'utilizzo degli incentivi fiscali; sfortunatamente però politici e gruppi di interesse li adorano. La maggior parte degli incentivi fiscali sono strumenti sofisticati utilizzati per nascondere o comunque celare il loro vero significato e il loro impatto dalla pubblica attenzione. Quest'ultima infatti è distratta o comunque confusa dal fatto che un sistema tributario da un lato si presenti per essere caratterizzato da aliquote d'imposta progressive e dall'altro lato tuttavia che questa progressività sia in fin dei conti corrosa da incentivi fiscali particolarmente complessi e a tratti bizantini. Gli incentivi fiscali permettono a molti politici di garantire ai loro settori elettorali vantaggi esclusivi mentre in generale il pubblico e l'opinione pubblica non sono consapevoli di tali trattamenti discriminatori.

Dal punto di vista teorico la definizione di *tax expenditure* è dovuta al professor Stanley Surrey che la coniò alla fine degli anni '60 negli Stati Uniti d'America. La sua definizione è ancora oggi valida e corretta: si intende per tale ogni deviazione da una base imponibile dell'imposta sul reddito che sia generale e che riduca il debito d'imposta dei contribuenti. Tale riduzione dovrebbe essere considerata alla stregua di una elargizione statale o di una spesa, e dovrebbe essere rappresentata al pubblico nel bilancio annuale.

Negli Stati Uniti d'America, nel 1974, il Congresso accettò questa visione, e da allora in base a norma di legge tutte le *tax expenditures* vanno rappresentate a bilancio e sono definite come *"perdite di gettito attribuibili a disposizioni del diritto tributario federale che garantiscono speciali esclusioni esenzioni e deduzioni dal reddito lordo o che garantiscono uno speciale credito un'aliquota preferenziale di imposta o un differimento dell'assoggettamento all'imposta"*.

Tutte queste misure per quanto eterogenee nella loro natura devono essere rappresentate nel bilancio dello stato federale. Una disposizione analoga non esiste nel bilancio italiano anche se a rigore ogni introduzione di incentivo fiscale o comunque agevolazione deve essere accompagnata da una valutazione di impatto in termini di gettito. Quindi, in termini generali, anche in Italia è possibile avere un'idea ragionevolmente precisa del costo dell'incentivo fiscale ma la rappresentazione che se ne ha non è puntuale trasparente ed immediatamente accessibile come quella che invece caratterizza l'ordinamento statunitense.

Anche con le *tax expenditures* ci sono tuttavia problemi dal punto di vista degli incentivi fiscali. Il problema principale è che a differenza delle spese direttamente sostenute dallo Stato che appaiono ogni anno nel bilancio statale e che devono ottenere l'approvazione del Parlamento, queste sono approvate una volta soltanto e restano in vigore fino a che il legislatore non trova tempo o volontà per revocarle.

Di conseguenza queste misure rimangono all'interno dell'ordinamento tributario anche dopo che la giustificazione per la loro introduzione sia venuta meno. Inoltre, è quasi impossibile per i consociati avere contezza del pieno costo degli incentivi fiscali riconosciuti. L'esperienza ci insegna che la maggior parte delle discussioni in parlamento e i dibattiti pubblici riguardano le spese dirette dello Stato è molto poco si soffermano sugli incentivi fiscali. Un altro problema significativo è che queste misure quasi per definizione finiscono per aumentare l'ineguaglianza socio-economica e il *gap* sociale e di conseguenza creano distorsioni economiche e inefficienza.

Capitolo 5. Le fonti giuridiche

1. La normativa tributaria, la Costituzione e le leggi costituzionali e la necessità di bilanciare la tassazione con il rispetto dei diritti umani

La normativa tributaria si intreccia con due fondamentali tematiche costituzionali, la prima riguarda il potere di riscossione delle imposte e la seconda, invece, gli aspetti sostanziali e caratterizzanti le varie leggi tributarie. Vale a dire la loro compatibilità con i principi costituzionali e l'eventuale ammissibilità, in casi particolari, di deroghe parziali a questi.

Negli Stati Uniti d'America il controllo costituzionale della normativa tributaria si è sviluppato seguendo essenzialmente un approccio formalistico piuttosto che sostanziale. In italia invece la Corte è intervenuto sull'uno e sull'altro aspetto della legislazione fiscale seppure con al prudenza di cui si è detto alle pagine precedenti.

A. Il potere di imposizione tributaria

L'articolo 1, sezione 8 della Costituzione statunitense descrive il potere del Congresso in correlazione alle normative tributarie nel seguente modo:

> *"Il Congresso avrà facoltà di imporre e di riscuotere imposte, dazi, tasse e accise, di pagare debiti pubblici e di provvedere alla difesa comune e al benessere generale degli Stati Uniti d'America."*

La sezione 9 dell'articolo 1 della Costituzione statunitense stabilisce che:

> *"Nessuna imposta pro-capite o altro tributo diretto potrà essere imposto se non in proporzione del censimento e della valutazione degli averi di ciascuno, che dovranno essere effettuati come disposto più avanti nella presente legge."*

Perciò quando venne introdotto un nuovo tributo sul reddito, derivato da proprietà fondiarie, questo venne eliminato dalla Corte Suprema

(*Pollock v. Farmers' Loan & Trust Company*), poiché secondo i supremi giudici si trattava di un tipo particolare di imposta sul reddito. Dunque un'imposta diretta che avrebbe dovuto essere introdotta proporzionalmente alla popolazione di ogni Stato.

Nel 1913 il sedicesimo Emendamento alla Costituzione degli Stati Uniti d'America abrogò la condizione che le imposte sul reddito dovessero essere ripartite in base alla popolazione (*Brushaber v. Union Pacific Railroad*).

B. La riluttanza del controllo giurisdizionale per gli aspetti sostanziali della legislazione tributaria

È alquanto sorprendente realizzare come sia marcata la ritrosia delle Corti statunitensi quando debbano affrontare questioni di legittimità costituzionale riguardanti la normativa tributaria.

È parso che l'approccio generale al problema, diffuso tra i giudici, gli avvocati, il legislatore e gli studiosi, sia piuttosto semplice, forse addirittura semplicistico.

Infatti i giudici si limitano a verificare se il Congresso abbia il potere di emanare nuove imposte, tralasciando la questione se gli aspetti sostanziali delle stesse possano essere in contrasto con principi o interessi di rilievo costituzionale.

Orbene una volta che il potere di imporre e di riscuotere i tributi sia stato assicurato al Congresso e che il sedicesimo emendamento abbia eliminato il requisito della suddivisione tra la popolazione, le Corti sembrano soddisfatte, e sono riluttanti ad utilizzare il loro potere di revisione giudiziaria in materia di norme tributarie.

Una possibile spiegazione alla tendenza diffusasi tra i giudici di non interferire in tale settore può forse ritrovarsi nel quinto e nel quattordicesimo emendamento, ove è riconosciuto al governo il potere di espropriazione per pubblica utilità. Secondo questo tipo di approccio il fatto che l'imposta stia privando della proprietà privata il contribuente diventa irrilevante, dato che persegue la "pubblica utilità". Un altro motivo che può aver contribuito allo svilupparsi di tale ritrosia viene identificato nel "*Era Lochner*"- o il Trauma – (approssimativamente tra il 1890 e il 1937, ove la Corte Suprema tendeva a bocciare normative di matrice economica che autorizzavano determinate condizioni lavorative o salariali o che limitavano l'ammontare di ore lavorative) e tale periodo, dal caso "*The West Coast Hotel Co. v. Parrish*", viene considerato il periodo più infelice della giurisprudenza degli Stati Uniti d'America in materia tributaria.

Tale riluttanza si riscontra anche successivamente nel caso *Murphy v. IRS*, ove la Corte d'Appello federale per il distretto di Columbia dichiarò incostituzionale un'imposta federale sul reddito avente ad oggetto i risarcimenti per stress emotivo.

La decisione venne, però, modificata dalla stessa Corte alcuni mesi più tardi e in quest'ultima pronuncia statuì che il recupero fisico del contribuente può essere sottoposto a tassazione ai sensi dell'art. 1, sezione 8 della Costituzione statunitense sebbene il periodo di guarigione non possa essere qualificato come produttivo di "reddito" secondo il sedicesimo emendamento.

I giudici stabilirono infatti che il reddito lordo come previsto dalla Sezione 61 del Codice tributario statunitense comprende anche il risarcimento per danni morali, anche se la somma risarcita non consiste in un reale "incremento di ricchezza" (mentre in Italia siffatta componente risarcitoria è esclusa da tassazione).

Inoltre, la Corte evidenziò come l'imposta su tale somma doveva considerarsi quale imposta indiretta, a prescindere dalla considerazione che il periodo di recupero sia una ricostituzione del "capitale umano", sicché tale imposta non violava né il requisito costituzionale della suddivisione previsto dall'articolo 1, Sezione 9, né la condizione di uniformità richiesta dall'articolo 1, sezione 8.

I giudici in merito stabilirono che:

"Nonostante il Congresso non possa trasformare una cosa in reddito se questa non lo è di fatto, [...] può però

classificarla come reddito e assoggettarla ad imposta, fintanto che rimane entro i limiti del potere riconosciutogli dalla Costituzione, che comprende non solo il sedicesimo emendamento ma anche l'articolo 1, sezioni 8 e 9. Perciò il risarcimento per danni morali rientrava nei confini della potestà impositiva del Congresso secondo l'articolo I, sezione 8 della Costituzione...[anche se il risarcimento] non poteva definirsi quale reddito secondo la portata del sedicesimo emendamento".

La suddetta ritrosia delle Corti statunitensi è alquanto sorprendente per l'attuale epoca moderna, poiché rappresenta una visione fortemente conservatrice che si fonda sugli ideali storici dei padri fondatori, e trascura totalmente tanto l'evoluzione costituzionale presente nelle altre democrazie occidentali quanto la conoscenza dei principi economici e filosofici che si è affermata negli ultimi due secoli.

C. Il controllo giurisdizionale sostanziale della legislazione tributaria

Con queste premesse si può ora prendere in considerazione un approccio differente, poiché il summenzionato articolo 1, sezione 8 offre molti più spunti di riflessione di quanti se ne possano identificare ad una prima lettura. Innanzitutto significa che solo il Congresso / il legislatore dispone del potere di imposizione fiscale (esattamente come il Parlamento in Italia), e dato che il legislatore rappresenta la popolazione, ne consegue che qualsiasi tipo di imposta può essere introdotta solo se vi è un consenso collettivo degli elettori – contribuenti.

In secondo luogo, ogni tipo di tributo può essere imposto dal legislatore, unicamente per provvedere "alla difesa comune e al benessere generale", facendo indirettamente intendere che le norme tributarie non sono escluse dal controllo giurisdizionale e che, come per ogni altra legge, la potestà impositiva viene sottoposta a limiti costituzionali. Le imposte vengono quindi sottoposte a controllo giurisdizionale come ogni altro atto normativo del Congresso: esattamente come accade in italia, dove la Corte costituzionale può sindacare le singole leggi d'imposta approvate dal Parlamento.

Pertanto, qualsiasi tipo di imposta può essere dichiarata incostituzionale se non è espressione di un consenso collettivo sostanziale o se il suo fine ultimo non è quello della difesa comune e del benessere generale. A tali limitazioni si aggiunga che le imposte non possono essere in contrasto con altri principi e interessi di rilievo costituzionale, quali il diritto di proprietà, l'uguaglianza e ogni altro diritto umano riconosciuto dalla Costituzione.

Proprio in relazione a questi aspetti le norme tributarie possono essere identificate come una minaccia costante ai diritti umani in quanto le imposte potrebbero violare la proprietà dei singoli, le norme tributarie potrebbero discriminare tra i vari individui, ledere le condizioni di vita del singolo fino a violarne la dignità umana e turbare le attività economiche entrando in contrasto con la libertà d'impresa e il diritto al lavoro.

Infine bisogna aggiungere che le norme tributarie attribuiscono all'amministrazione finanziaria determinati poteri che potrebbero violare la privacy e il diritto alla riservatezza del singolo.

2. Il diritto costituzionale di non assolvere le imposte ove manchi il consenso collettivo

Come è stato già evidenziato l'articolo 1, sezione 8 della Costituzione statunitense statuisce un diritto umano in un certo qual modo affascinante se osservato dalla prospettiva italiana, poiché enuncia che nessuno individuo è tenuto ad assolvere ad alcun tipo di imposta ove non sia presente il pubblico consenso (in Italia, ciò non è possibile e se la legge che introduce l'imposta è costituzionale il contribuente non ha altra alternativa tranne che versare quanto comunque dovuto).

Negli USA invece si richiede un consenso collettivo e costruttivo, che deve essere espressamente previsto da una norma approvata dal Congresso. In altre parole ciò che significa che i vari partiti politici propongono ognuno il loro programma di governo e il popolo, attraverso il voto, ne sceglie uno e lo sostiene. Conseguentemente ogni anno il governo prescelto deve redigere e presentare il bilancio annuale dello Stato, il quale conterrà quali beni e servizi pubblici il governo intende fornire e quale sia la spesa necessaria a tale scopo. Pertanto se gli elettori, attraverso i rappresentanti al Congresso, non lo approviamo, il governo eletto non riuscirà a svolgere il proprio mandato (In Israele al verificarsi di tale eventualità il Governo e il Parlamento devono rassegnare le dimissioni e si deve andare a nuove elezioni, in italia invece la mancata approvazione tempestiva del bilancio apre la fase dell'esercizio provvisorio).

Il suddetto meccanismo è l'attuazione costituzionale dello storico motto *"No Taxation Without Representation"* e da quando la rappresentanza non è più un mero concetto formale, ma esprime l'assenso dell'elettorato si comprende come il principio costituzionale si sia trasformato in *"Nessuna tassazione senza pubblico consenso"*.

Tale argomentazione conduce quindi ad una conclusione decisamente significativa, ossia che le imposte si fondano sul consenso dei contribuenti ad assolverle. Infatti, una volta che i rappresentati scelti sono al governo agiscono per conto di noi elettori, redigendo bilanci e approvando norme, in base al fatto che hanno ricevuto il nostro consenso pubblico. Nel caso in cui decidano di imporre obblighi o limitazioni, si suppone che, data la dottrina del contratto sociale, gli elettori approvino e accettino tali obblighi e limitazioni. Orbene, potrebbe accadere in casi rari o in circostanze anomale che il legislatore devii dalle "condizioni del contratto di mandato", con la conseguenza che nessuna persona ragionevole acconsentirebbe ad approvare il risultato finale della legislatura.

3. La legislazione tributaria e la possibile violazione dei diritti e dei principi costituzionali

Come ogni altro tipo di normativa, anche la legislazione tributaria deve essere redatta in conformità ai limiti che la costituzione prevede in capo al legislatore. Tutta la normativa tributaria, sia di rango primario (leggi) che secondario (regolamenti) deve essere controllata al fine di verificare se violi la dignità umana, la libertà, il diritto di proprietà, la libertà d'impresa, il diritto al lavoro e il principio di uguaglianza. Ove tale indagine si concluda con l'accertamento che tale violazione è incorsa si dovrà effettuare un ulteriore controllo, orientato ad accertare se tale violazione sia in qualche modo giustificata o no giustificata.

4. Le imposte e il diritto ad un minimo vitale dignitoso

Come già evidenziato, qualunque sistema tributario che non garantisca al contribuente un minimo vitale decoroso viene considerato incostituzionale poiché viola la dignità umana.

Perciò la maggior parte dei sistemi basati sulla tassazione delle persone fisiche prevede un determinato ammontare da considerarsi come minimo vitale, il quale permetta al contribuente o alla sua famiglia di avere le risorse necessarie per mantenere almeno quel livello minimo.

In molti paesi, inclusa l'Italia, i contribuenti possono beneficiare di esenzioni e detrazioni personali, oppure di detrazioni *standard* per l'educazione e la cura dei figli, o ancora di crediti d'imposta per determinate spese, o della detraibilità per le spese mediche o di altri strumenti similari.

5. Il principio costituzionale di eguaglianza

Come già esplicato, la *fairness* (giustizia, correttezza) è il requisito di maggiore importanza per un buon sistema fiscale. Espressioni di tale giustizia in campo tributario sono sicuramente i principi di eguaglianza orizzontale e verticale così che contribuenti in condizioni uguali dovranno pagare la medesima imposta, mentre contribuenti in condizioni differenti dovranno essere sottoposti ad obbligazioni tributarie diverse.

Tale concetto basilare implica perciò che debbano essere stabiliti i criteri più adatti per identificare quali siano le situazioni di uguaglianza e di differenza fra i contribuenti.

Dato che l'obiettivo prestabilito è una *fairness* di tipo economico, dovremo utilizzare quale metro di giudizio la capacità economica del singolo individuo. In questo modo potremo affermare che contribuenti con capacità economica eguale ("capacità contributiva") sono debitori della medesima obbligazione tributaria e invece contribuenti con capacità contributive diverse sono debitori di obbligazioni tributarie differenti.

Dall'altro lato, però, esistono anche considerazioni che minano tale conclusione, poiché visto che lo scopo ultimo del sistema tributario è finanziare l'offerta di beni e servizi pubblici, allora il prezzo che ogni membro della comunità dovrebbe pagare dovrebbe essere correlato al beneficio che il contribuente ricava dall'utilizzo di tali beni e servizi. Sicché, secondo tale corrente di pensiero si trovano in posizione eguale i contribuenti che ricavano un beneficio eguale dai servizi pubblici, mentre sono in situazioni differenti coloro che ne derivano un beneficio diverso. Orbene sarà oggetto di analisi successiva (p. 55) se tali criteri siano effettivamente in contrasto tra loro oppure possano coesistere e magari essere trasfusi in un unico concetto frutto dell'integrazione di entrambi.

È da sottolineare come la via dei principi costituzionali sia già stata percorsa in alcuni Paesi europei e del Medio oriente al fine di modificare le aliquote nel senso di un'uguale capacità contributiva.

In questi ordinamenti, infatti, i principi di eguaglianza verticale e orizzontale non sono più solo concetti teorici o filosofici, bensì ricoprono il rango di principi costituzionali.

Inoltre alcune corti nazionali e qualche rara costituzione hanno espressamente statuito che il concetto di capacità contributiva rappresenta un criterio chiave per stabilire la situazione di uguaglianza o di differenza in cui si trovano i contribuenti: l'Italia è uno di questa paesi. Perciò prevedere aliquote diverse per lo stesso ammontare di reddito, sebbene derivante da fonti differenti (redditi di lavoro dipendente, redditi di capitale come interessi o plusvalenze), potrebbe classificarsi come violazione del principio costituzionale d'uguaglianza. Di qui l'interrogativo sulla legittimità delle aliquote preferenziali di cui godono interessi, dividendi e plusvalenze, per cui un controllo costituzionale su tali aspetti si rifletterebbe pesantemente sulla concorrenza tributaria internazionale.

È superfluo osservare che non è per nulla certa la legittimità dell'affermazione secondo al quale un'aliquota bassa applicabile a tutti i contribuenti che ricavino redditi da plusvalenze non sia affatto discriminatoria.

Alcuni potrebbero sostenere che in tale situazione non vi sia discriminazione poiché l'aliquota più bassa è prevista per tutti sia ricchi che meno abbienti, sia per residenti che per non residenti. Cosicché tale aliquota risponde alla necessità di trattare allo stesso modo situazioni uguali. Dall'altro lato, però, il dato reale indica che solo i contribuenti ad elevata capacità contributiva dispongono di plusvalenze mentre i contribuenti a capacità contributiva ridotta o assente non possiedono alcun capitale da investire, per cui gli stessi non ricavano alcun reddito di capitale, né alcuna plusvalenza.

Pertanto il fatto che i redditi di capitale siano soggetti ad aliquote basse determina in realtà un sistema fiscale.

Un'altra prospettiva relativa al dibattito dottrinale sulla tassazione dei capitali si può trarre dalle considerazioni di John Stuart Mill, il quale sosteneva che ogni tipo di imposta sul risparmio generava una doppia imposizione.

Pertanto se la suddetta affermazione fosse valida anche un'aliquota ridotta sul reddito di capitali e sulle plusvalenze dovrebbe ritenersi discriminatoria nei confronti dei possessori di capitali. Su tale argomentazione si tornerà più avanti nel prosieguo della trattazione.

6. La legislazione tributaria e la libera attività economica

Le normative tributarie possono entrare in contrasto con il principio costituzionale della libera attività economica, se queste impediscono al contribuente di esercitare liberamente il commercio, le attività d'impresa, le libere professioni e ogni tipo di lavoro, o se compromettono la redditività delle sue attività economiche. Sicché qualsiasi sistema fiscale discriminatorio dovrebbe considerarsi incostituzionale in quanto viola la libertà di attività economica di coloro che sono soggetti ad un'aliquota standard rispetto ad altri contribuenti che a fronte della medesima capacità contributiva beneficiano di un'aliquota ridotta.

Per la verità il legislatore ammette tale differenziazione e un esempio in tal senso è certamente il trattamento fiscale di cui godono gli enti senza scopo di lucro, i quali, fintanto che non intraprendano attività commerciali e non derivino il loro reddito da attività commerciali o d'impresa, beneficiano di un'ampia gamma di agevolazioni fiscali. La giustificazione a tale trattamento viene individuato nella libera concorrenza, in quanto si presuppone che gli enti senza scopo di lucro si occupino di attività facenti parte del "terzo settore" e non di quello d'impresa.

7. Le tasse come prezzo per i beni e i servizi pubblici

Alcuni potrebbero osservare che le imposte, per definizione, violano il diritto di proprietà di ogni contribuente dal momento che trasferiscono ricchezza da quest'ultimo allo Stato. Infatti secondo un'argomentazione illustre, la caratteristica principale di un sistema tributario è la redistribuzione del reddito, nel senso di prelevare soldi a coloro che ne dispongono per trasferirli, attraverso la previsione di beni e servizi pubblici, di sussidi diretti e aiuti, a coloro che invece ne sono privi. Quindi in altre parole il governo espropria la proprietà ai primi. Una spiegazione più intrigante di tale posizione è stata offerta dal filosofo americano Robert Nozik per il quale la tassazione equivale ai lavori forzati.

Infatti, prelevare una parte dei guadagni di un individuo è come far lavorare una persona, per un parte del suo tempo, per scopi diversi, sicché se un individuo lavora 8 ore al giorno a $ 20 l'ora, riceverà per l'intera giornata $ 160 e se ne deve versare $ 40 di imposte, allora in realtà il governo si sta prendendo due ore del suo lavoro. Da cui ci si trova di fronte ad una confisca, anche se basata sul consenso.

Tale prospettiva non è esente da critiche, anche perchè tende a vedere individuo e Stato come soggetti fra loro completamente separati. Il governo è infatti autorizzato a ricevere la sua giusta porzione da parte delle aziende inserite nel processo produttivo del reddito o come fornitore di beni e servizi pubblici nei confronti delle famiglie.

Le imposte, fintanto che rispettano i requisiti della giusta imposta, appartengono al "meccanismo di suddivisione dei guadagni" attivo fra tutti coloro che partecipano al progetto comune delle attività produttrici di reddito e che decidono di pagare il prezzo di mercato per l'utilizzo di beni e servizi pubblici. Perciò non è contemplato alcun tipo di espropriazione della proprietà.

Nel caso delle attività produttrici di reddito, noi sosteniamo che un sistema tributario il quale segua i requisiti per una buona imposta costituisca il giusto prezzo che il produttore del reddito deve pagare al governo per utilizzare i fattori di produzione.

In altre parole il governo ha diritto di ricevere la sua ricompensa come un investitore e proprietario del capitale sociale.

Invece nel caso del prezzo di mercato per i beni e i servizi pubblici, paragoniamo il meccanismo del libero mercato con il processo politico e costituzionale di determinazione del prezzo che il governo stabilisce per i suoi beni e servizi. Una volta che abbia raccolto il consenso pubblico dei consumatori egli impone ai suoi cittadini il giusto prezzo di mercato che è stato concordato. Quindi come ogni altra operazione effettuata nel libero mercato, una volta che l'individuo acquista un bene o un servizio lo stesso deve pagare al venditore il prezzo pattuito, altrimenti se si rifiuta di adempiere può essere citato in giudizio.

Al fine di sostenere tale posizione analizzeremo brevemente alcune delle giustificazioni di base dell'istituzione della proprietà privata.

Secondo un'osservazione insigne (J. Bentham) la proprietà viene riconosciuta dalla legge ("La proprietà e la legge sono nate insieme e moriranno insieme"), per cui il diritto tributario non viola il diritto di proprietà ma semplicemente lo ridefinisce come proprietà meno le imposte , fintanto che queste ultime siano previste dalla legge.

Un'impostazione simile (J.J. Rousseau, T. Hobbes) afferma che una volta accettato il Contratto Sociale le parti rinunciano al loro diritto di proprietà e lo cedono al sovrano, con la particolarità che nelle relazioni private fra individui essi mantengono il loro diritto di proprietà, mentre nella relazione con lo Stato si considera quest'ultimo come il titolare di tutte le proprietà. Di qualsiasi cosa necessiti lo Stato, questo lo prende per fini pubblici e solamente il rimanente viene attribuito ai membri della comunità.

Così ancora una volta le imposte non possono considerarsi in violazione della proprietà privata.

Tali posizioni sono effettivamente di ampia portata e non le condividiamo, sebbene si debba sottolineare che le stesse non neghino o non escludano la possibilità di un controllo giurisdizionale delle normative tributarie. Anche se l'unico compito del governo fosse di distribuire la parte rimanente della proprietà, lo dovrebbe svolgere rispettando le condizioni stabilite dal Contratto Sociale, ossia i principi e gli interessi costituzionali, quali la dignità umana, l'eguaglianza e così via.

Un'opinione totalmente differente era quella, già menzionata, che comparava le imposte ai lavori forzati dato che ogni imposta, per definizione, viola la proprietà privata. Ma in quanto tale, qualsiasi tipo d'imposta deve soddisfare i requisiti previsti dal "giusto processo" costituzionale di redazione della norma.

Tali posizioni estreme possono essere collegate da altri due approcci. Il primo è correlato alle aziende ed è incentrato sul processo di produzione del reddito da parte del contribuente (il lato delle fonti). Questo prende il nome di "progetto congiunto o comune" e si origina con John Locke e la sua teoria del lavoro quale giustificazione all'istituto della proprietà privata.

L'altro approccio riguarda il nucleo familiare e si focalizza sugli aspetti di consumo del reddito o della ricchezza (il lato del consumo) ed è l'espressione principale del concetto qui definito come "il prezzo d'acquisto per i beni e i servizi pubblici".

A. Il processo di produzione del reddito / ricchezza, il diritto di proprietà e il concetto di progetto comune

1) John Locke e il lavoro quale giustificazione del diritto di proprietà

La prima posizione, quella del "progetto congiunto", si origina per l'appunto con John Locke e la sua teoria del lavoro quale giustificazione della proprietà privata, ove egli sostiene che gli esseri umani sono titolari di un diritto naturale ed esclusivo di proprietà sui beni nei quali gli stessi abbiano investito il loro lavoro. Ne deriva che la proprietà costituisce un diritto naturale dell'uomo nel senso che la stessa esiste anche senza la presenza di un governo o di un sistema legislativo. Conseguentemente, gli esseri umani hanno il diritto di preservare il frutto del loro lavoro per se stessi oppure commerciarlo in cambio di beni prodotti da altri, tanto che il diritto che gli stessi acquistano su tali altri beni è un diritto pieno ed esclusivo.

Ma ad un'analisi più attenta, la teoria di Locke di qualificare il diritto di proprietà quale diritto naturale non è assoluta come potrebbe sembrare. Infatti il diritto di proprietà è soggetto a due limitazioni:

a) La proprietà di un individuo dipende dalla non esclusione e dalla negazione delle necessità espresse dagli altri membri;

b) L'uomo acquista la proprietà solamente in seguito ai propri bisogni.

Infatti secondo l'idea di Locke l'essere umano acquista un diritto assoluto ed esclusivo sull'intero bene tramite il proprio lavoro che sia aggiunge al valore del bene. Tuttavia, sebbene si supponga che questo fosse lo scopo originale e anche se si ignorassero le due statuizioni morali sopra menzionate e si facesse riferimento unicamente all'analisi economica e utilitaristica, le conclusioni ultime derivate dal pensiero di Locke differirebbero notevolmente nei tempi moderni, dai nuovi principi, dall'attuale situazione economica e dalle conoscenze sviluppatesi in seguito alla formulazione della sua teoria.

Ciò conduce all'idea che il governo sia autorizzato a ricevere una parte giusta dal processo produttivo del reddito. Quando un individuo produce o migliora i propri beni con i suoi soli sforzi, egli ne è il solo proprietario. Invece, quando lavora con un altro soggetto, allora i beni risultanti appartengono ad entrambi. Se i beni sono il frutto del lavoro di un gruppo di individui, conseguentemente ciascun membro avrà diritto ad una parte dei beni. Se una coppia si divide il lavoro e solo uno di loro viene remunerato allora la legge presuppone che tale prestazione sia rivolta a beneficio di entrambi. Perciò, il diritto di proprietà dell'individuo è limitato solamente ai componenti che egli aggiunge tramite il suo lavoro.

In altre parole, il diritto naturale di proprietà privata si riduce al "valore aggiunto" che l'individuo apporta al bene originale.

Essenzialmente ciò significa che un individuo ha un diritto esclusivo solamente verso quei componenti della proprietà che possono essere attribuiti unicamente agli investimenti del singolo sotto forma di lavoro o di capitale. Ne consegue che, secondo l'impostazione di Locke, si può solamente concludere che esiste un diritto naturale di proprietà nella misura in cui esso rappresenti il frutto del lavoro del singolo e non invece che il singolo abbia un diritto naturale all'intera proprietà quando questa è prodotta da una serie di membri della comunità, poiché nel caso in cui un gruppo di individui unisca la propria forza lavoro al fine di produrre ricchezza o beni, allora tutti saranno titolari della comunione dei beni.

2) Il lavoro quale giustificazione e il concetto di progetto comune: verso la proprietà pubblica e il capitale sociale

L'attuale realtà economica, i nuovi principi e conoscenze permettono di andare oltre e affermare che la proprietà non è limitata solamente al valore aggiunto del lavoro, ma anche tramite gli investimenti dei frutti ricavati dal lavoro, ossia il capitale finanziario. Quando un individuo investe il ricavato del suo lavoro, l'investimento tenderà a generare un nuovo guadagno, il quale diventerà a sua volta proprietà del soggetto investitore. La stessa situazione si può analizzare quando due persone decidono di cooperare per formare una *joint venture* dove uno dei soci fornirà il proprio lavoro mentre l'altro apporterà il capitale finanziario. L'impresa, che è in realtà un insieme di contratti collegati, è un chiaro esempio di *joint venture* e del concetto di "progetto comune". Inoltre, nell'epoca attuale il lavoro non è più sufficiente, in quanto per trasformare il ricavato del proprio lavoro in benessere e beni di consumo, devono esistere dei prerequisiti basilari (ossia il capitale sociale) e inoltre per facilitare questa trasformazione è necessario acquistare da altri beni e servizi.

La moderna economia ha sviluppato molte teorie e ha permesso di comprendere al meglio il processo di produzione del reddito, il che si traduce in una più precisa qualificazione dei singoli contributi presenti nel processo produttivo. Ad esempio si supponga che un libro sia venduto in un libero mercato al prezzo di $ 100. Certamente nessuno sosterrà che i $ 100 appartengano tutti all'autore. In realtà, parte di questa somma servirà a pagare la stampa, l'editore, i correttori delle bozze, gli interessi su finanziamenti ottenuti per facilitare la pubblicazione, l'affitto al proprietario dell'edificio utilizzato dall'editore, lo stipendio per l'autista che distribuisce i libri e della persona che si occupa della vendita al consumatore finale degli stessi. Inoltre anche le agenzie pubblicitarie e di *marketing* dovranno essere pagate, come anche i disegnatori e produttori della carta sulla quale è stampato il libro.

A tutto ciò si aggiunga che vi è un'ulteriore fase che riguarda lo scrittore.

Qualcuno può sostenere che l'attività di scrittura del libro di per se stessa non sia compresa nel diritto ad ottenere il valore economico del libro, ma nel diritto alla creazione intellettuale. Il valore economico si determina tramite il processo economico di vendita del libro (ottenendo così la realizzazione del reddito invece di un reddito potenziale o futuro) oppure sviluppando le sue potenzialità per una vendita futura. In termini economici, l'esistenza della domanda riguardante il libro è il fattore essenziale per la determinazione del suo valore economico. Se l'autore avesse scritto il libro in una comunità di illetterati, vi sarebbero scarsissime possibilità di vendita. Infatti, il valore del suddetto libro aumenterà proporzionalmente allo sviluppo e al progresso del sistema educativo e del livello culturale della società

Similmente un editore non riuscirà a distribuire e vendere il libro fintanto che non vi siano delle infrastrutture che permettano sia la spedizione della merce sia dei punti vendita ove gli acquirenti possano acquistare il libro. Inoltre in assenza di un sistema scolastico, di un ambiente sicuro e stabile l'autore non sarebbe stato presumibilmente nelle condizioni di scrivere il libro. Infatti, la capacità di scrivere deriva, almeno in parte, dall'ambiente sociale e dalla comunità in cui l'autore risiede. Pertanto, la redazione del libro è resa possibile dalle condizioni offerte dal governo locale, che assicurano un'atmosfera circostante collaborativa e un ambiente sicuro, civilizzato e stabile.

Ritornando al pensiero di Locke, il ricavato del lavoro del singolo deriva a sua volta dai guadagni della produzione originati da poche fonti che rappresentano i tre fattori di produzione ossia gli investimenti pubblici (capitale sociale), il lavoro e gli investimenti privati (risorse umane e capitale finanziario), che contribuiscono allo sviluppo del processo produttivo del reddito. Sicché in quanto tali ognuno di questi fattori apparentemente può esercitare un diritto di proprietà sul prodotto finale.

3) La moderna sinergia fra capitale sociale e risorse umane

Un'analisi moderna delle cause del benessere e della sua produzione fornisce un ulteriore argomento a supporto della tesi sposata in questo libro. Il pensiero economico moderno (Edwin R. A. Seligman, Arthur Okun, Richard Posner) descrive quali effetti la ricchezza e la proprietà hanno prodotto nella società moderna e cita Hegel, il quale sottolineava come i diritti economici sono "*lussi accordati dall'organizzazione sociale*".

Questa analisi porta alla conclusione che la proprietà di un individuo di ceto medio non è il risultato esclusivo dell'utilizzo del capitale umano (ossia il suo lavoro, le sue azioni o il suo contributo personale), ma piuttosto del capitale sociale (intenso come la società e la comunità in cui l'individuo vive e lavora, e come le opportunità che in tal modo lo stesso può produrre e sviluppare), il quale è un fattore di estrema importanza per l'acquisto della proprietà.

Come spiega l'economista Arthur Okun:

"Il contributo produttivo di un servizio che posso vendere in un ipotetico libero mercato dipende da quattro elementi: 1) le capacità e i beni che ho acquisito durante la mia vita; 2) le abilità e i talenti con i quali sono nato; 3) gli sforzi che sono pronto ad affrontare e 4) la situazione di domanda-offerta di altri servizi correlati a quello che io posso offrire".

Tuttavia, le capacità e le abilità che una persona può acquisire durante l'intero corso della sua vita possono svilupparsi solamente in una società che disponga di un capitale sociale forte e ben strutturato. Pertanto Okun fornisce il seguente esempio:

"La produzione di massa delle automobili di Henry Ford fu un enorme successo in un paese ove il reddito medio era piuttosto elevato, che contava tre mila miglia di strade a guida libera, una forza lavoro vivace e ambiziosa e retto da un governo che riusciva a proteggere i viaggiatori e a far rispettare le regole della strada. In Libia sarebbe stato un perdente.".

Il punto di vista di Okun venne poi ulteriormente esplicato da Posner, il quale comparò due individui dotati dei medesimi talenti e delle medesime qualità ma che vivevano in due società con sistemi economici enormemente differenti.

Egli infatti dimostrò che i due non arrivano ad ottenere lo stesso reddito, le medesime proprietà e altri benefici economici, poiché l'individuo che vive nella società avanzata e benestante può approfittare maggiormente della situazione rispetto al soggetto che vive nella comunità povera e sottosviluppata.

Pertanto la ricchezza di un individuo non dipende solamente dai suoi talenti e dalle sue capacità, ma primariamente dalle abilità degli altri individui della comunità e dal potere economico della comunità stessa.

Ne deriva che per la "moderna sinergia" il diritto di proprietà non è unicamente un diritto essenziale e naturale, ma è anche il risultato di una vita in comunità e dell'interazione sociale.

Inoltre l'idea moderna si fonda su una giustificazione pratica del riconoscimento e della tutela del diritto di proprietà.

Infatti, riconoscere il diritto di proprietà va in realtà a beneficio anche della comunità poiché incentiva i singoli a sviluppare le loro abilità, ad incrementare la loro ricchezza, ad aggiungere valore ai loro beni, così da contribuire al benessere dell'intera comunità.

4) Il concetto di appartenenza economica

Nel 1923 una commissione speciale di professionisti composta da quattro esperti di diritto tributario di fama mondiale presentò una rapporto alla Lega delle Nazioni al fine di presentare le proprie raccomandazioni in tema di imposizione fiscale di attività internazionali.

Una parte consiste del rapporto si basava sul libro scritto da uno dei membri della commissione il Prof. Edwin R. A. Seligman, il quale in tale opera aveva sviluppato la dottrina della appartenenza economica, che quindi divenne la testata d'angolo del rapporto della Commissione.

Tale dottrina si fondava su altre quattro teorie primarie:

1) La base di un moderno sistema tributario incentrato sul reddito è la teoria della capacità contributiva;

2) La capacità contributiva si determina in base ai possedimenti, al reddito e ai consumi di una persona;

3) Un contribuente deve lealtà economica verso quegli stati o quei paesi che assicurano le condizioni affinché il contribuente possa creare la propria ricchezza;

4) Il processo produttivo che si compone di tre fasi:

    a) Il reale processo di produzione materiale;

    b) La materializzazione del processo produttivo che si realizza in prodotti finiti dotati di valore economico e;

    c) L'uso della ricchezza in investimenti e consumi.

Appare subito evidente come la seconda fase del processo produttivo, quella in cui viene assegnato un valore economico al bene, sia di estrema importanza.

Senza di quella, tutti gli sforzi che gli esseri umani impiegano per la produzione di beni e servizi, diverrebbero essenzialmente inutili. Infatti, questo processo dipende non solo dall'esistenza di un sistema giuridico che riconosca e tuteli la proprietà privata, ma anche dall'esistenza di un mercato economico che garantisca la domanda, l'efficienza del commercio e la presenza di consumatori adeguati.

Senza questi fattori il processo di produzione materiale rimane senza valore (per lo meno da un punto di vista economico), ad eccezione dell'autosufficienza. In breve, non si può produrre un vero benessere senza l'esistenza di una società / comunità ben organizzata.

L'evidente connessione fra la teoria del lavoro come giustificazione di Locke, la moderna sinergia e la dottrina della lealtà economica conduce ad affrontare i temi del progetto comune / congiunto, della proprietà pubblica e dell'imposta quale meccanismo di suddivisione dei guadagni.

5) Il concetto di progetto comune / congiunto e la proprietà pubblica

Nella società moderna le persone non vivono e lavorano in un loro proprio ambiente isolato. Per esempio, un Professore universitario di giurisprudenza produce reddito attraverso l'insegnamento, solo perché la comunità nella quale vive gli rende economicamente possibile procurarsi i mezzi per vivere in quel modo, presupponendo che la stessa gli fornisca le infrastrutture necessarie poiché lo stesso possa svolgere il suo mestiere di professore. Per insegnare quest'ultimo avrà bisogno di una classe di studenti che vogliano apprendere il sistema legislativo prescelto e sostenuto dalla popolazione. In ordine alla divulgazione delle sue ricerche, il professore avrà bisogno di una platea di lettori che provengano da una società che ha investito in programmi d'istruzione, iniziando dall'asilo nido e continuando fino al livello accademico. Inoltre, lo stesso non sarebbe in grado di insegnare ove mancassero strade, edifici, trasporto pubblico, sicurezza e difesa nazionale e ogni altro servizio assicurato dallo stato.

Similmente un ingegnere informatico non troverebbe nella competenza in ingegneria informatica un mezzo per ricavare un reddito se non esistessero infrastrutture educative e tecnologiche. Infatti è necessario che la società investa sia nell'educazione delle persone, cosicché queste possano sviluppare le loro capacità e beneficiare delle stesse, sia nel progresso tecnologico, che rende possibile l'educazione e il conseguente lavoro. Per esempio, sarebbe impossibile per l'ingegnere informatico generare un reddito in una società priva di consumatori in grado di utilizzare i servizi forniti dall'ingegneria informatica e senza un sistema elettrico sicuro ed efficiente.

Steve Jobs non avrebbe potuto sviluppare i suoi prodotti senza un sistema d'istruzione scolastica, centri pubblici di ricerca e sviluppo, università e istituti di ricerca, e una popolazione abile e scolarizzata capace di utilizzare i prodotti creati dalla sua azienda.

A tutto ciò si aggiunga che un attività economica produttiva efficiente potrà realizzarsi solamente ove il rischio d'impresa sarà minimizzato grazie a, inter alia, dei buoni sistemi di tipo legislativo, d'istruzione, di sicurezza nazionale e di ordine pubblico. Infatti nuove scoperte e invenzioni, come i progressi tecnologici, avvengono in quei paesi che dispongono di una solida base nella ricerca scientifica, in primo luogo negli istituti accademici e dove si garantiscono gli investimenti. Un'industria automobilistica può essere fondata, sviluppata e fiorire, come ha sottolineato Okun, solamente in una società sviluppata, efficiente e sicura.

Queste analisi richiedono un'impostazione riveduta sulla distribuzione del benessere complessivo di una comunità, non come una questione di giustizia distributiva o di principi morali o etici, bensì nella prospettiva dell'autorizzazione: ogni persona fisica o giuridica è autorizzata a far fruttare i propri investimenti. Conseguentemente, ognuno dovrebbe considerare di intraprendere uno sforzo congiunto all'interno della comunità, nella quale l'individuo lavora come partner di una società costituita con la comunità dove il soggetto opera (produce) e vive (consuma e risparmia).

La comunità investe nelle infrastrutture necessarie mentre gli individui e le persone giuridiche apportano le risorse umane e il capitale finanziario, così che il reddito ricavato appartiene ad entrambi. Pertanto è sensato presupporre l'esistenza di un'associazione o di un progetto congiunto fra individui, aziende e la comunità nella quale questi vivono ed operano. Il concetto del progetto congiunto necessita di un requisito sottinteso, ossia che fra la comunità e l'individuo vi sia un contratto o un patto sociale, il quale esige una divisione ragionevole della ricchezza creata da entrambi.

Una volta che si sia raggiunto l'accordo nel contratto sociale, l'unica questione a cui si deve ancora rispondere riguarda le modalità di suddivisione della ricchezza prodotta, ossia quale ammontare deve essere attribuito alla comunità e quale ai membri di quest'ultima. Il diritto naturale statuisce solamente il principio per il quale non si possono negare ad un essere umano i frutti del suo lavoro. La vera attuazione di tale principio è un problema tipicamente legislativo, basato sul pubblico consenso e deve avvenire nel pieno rispetto dei diritti umani. Tutti questi concetti e queste teorie si collegano in modo egregio sia alla legislazione che alla politica tributaria, le quali a loro volta si basano sulle linee guida per la costruzione di una buona imposta. Per cui così si chiude il cerchio.

6) Le imposte come meccanismo di suddivisione dei guadagni

Le imposte nella società moderna si basano sul tradizionale e formale concetto di "*No Taxation without Representation*". La rappresentanza nelle società democratiche richiede il pubblico consenso che il governo utilizzerà sia nel settore legislativo che in quello amministrativo. Di qui l'aspetto sostanziale di tale concetto che si traduce in "nessuna imposizione senza pubblico consenso", come si è osservato svariate volte ai capitoli precedenti.

Infatti, il pubblico consenso è raggiunto attraverso le norme. Fintanto che si possa ragionevolmente presumere che il processo di determinazione del prezzo di beni e servizi pubblici si svolga secondo criteri che una persona assennata accetterebbe, allora l'imposta, che è introdotta dal governo eletto dal popolo, è il prezzo concordato per beni e servizi pubblici. Pertanto, una buona imposta non deve essere costruita in modo tale da violare il diritto di proprietà, ma piuttosto come un meccanismo di divisione del guadagno, così da poter distribuire il reddito e la ricchezza creati tramite il progetto congiunto fra l'individuo e la comunità nella quale vive. Ovviamente anche la legislazione tributaria, come ogni altro tipo di normativa, presenta dei limiti. Le norme tributarie non devono violare i principi costituzionali, non devono essere usate quali strumenti di confisca o violare principi di eguaglianza e dignità umana. Al contrario, le norme tributarie sono implementate per ottenere le entrate necessarie a realizzare la politica del governo eletto, considerato che tali norme si basano su determinati canoni prescelti per la costruzione di un buon sistema fiscale.

La stessa identica logica si applica non solo alle imposte sul reddito, ma anche alle imposte reali sulla proprietà e sulla cifra d'affari. Il valore di un appezzamento di terreno deriva dal suo possibile utilizzo, che dipende in primo luogo dagli standard di vita presenti all'interno di quello stato, come anche dal livello qualitativo dei suoi sistemi economico, legale, di sicurezza sociale, di sanità nazionale e d'istruzione scolastica.

Inoltre numerosi altri fattori possono influire sul valore del terreno, quali infrastrutture pubbliche presenti in gran quantità nella zona interessata, come strade, sistema fognario, aree verdi, la possibilità di accedere agevolmente a servizi pubblici quali una buona istruzione scolastica, cure sanitarie e un ambiente protetto, ed infine, non meno importante, il riconoscimento del diritto di proprietà e l'attuazione di tutte le misure legali al fine di tutelare tale diritto di proprietà. Infatti tutte queste variabili e caratteristiche sono fortemente dipendenti dai valori della comunità e del suo governo e dalle priorità del capitale sociale.

B. Il prezzo di acquisto dei beni e dei servizi pubblici

Come già indicato precedentemente l'analisi che si focalizza sul punto di vista del consumo porta alla conclusione che "un'imposta buona" non viola il diritto costituzionale della proprietà privata, e si basa anche sul concetto che una tale imposta è piuttosto il giusto prezzo richiesto per l'acquisto di beni e servizi pubblici prodotti in proprio: si chiede quindi al governo di procurare tali beni e si esprime il consenso a pagarne il relativo prezzo.

Teoricamente non vi è alcuna differenza tra acquistare beni e servizi dal settore privato o da quello pubblico. In entrambi i mercati si scegli il prodotto, lo si acquista e si acconsente ad assolvere l'obbligazione di pagarne il prezzo.

Ma dal punto di vista pratico vi è una differenza negli acquisti effettuati nel settore privato, differenza che presenta due dimensioni: la prima riguarda il processo di decisione e la seconda la questione della riscossione.

1) Il processo decisionale

La scelta se acquistare o meno un bene o un servizio dal settore privato è un problema quotidiano: viene risolto sul momento. Ogni volta che decidiamo di comprare qualcosa ognuno di noi utilizza la propria discrezionalità su base individuale.

Invece il processo di scelta riguardante beni e servizi pubblici avviene in occasioni particolari e attraverso metodi predeterminati e speciali, in quanto la scelta è un processo collettivo, che si effettua attraverso le elezioni, generalmente ogni quattro anni e attraverso l'approvazione del bilancio annuale dello Stato, generalmente una volta all'anno da parte dei rappresentanti parlamentari. Ma in realtà le differenze non sono poi così sostanziali come potrebbe sembrare ad un primo sguardo.

A tal proposito si riporta un esempio che può agevolare la comprensione di queste conclusioni. Se una persona prende in mano una bottiglia d'acqua al supermercato deve pagarla. Egli non contratta individualmente il prezzo richiesto, in quanto lo stesso è già stato deciso collettivamente dal libero mercato. Se prende il prodotto e si rifiuta di pagarlo può essere citato in giudizio e obbligato al pagamento forzoso dello stesso. La medesima situazione si presenta nel caso di acquisto di beni e servizi pubblici e della relativa obbligazione di pagarne il prezzo. Egli non contratta individualmente il prezzo, poiché questo è determinato collettivamente dal funzionario incaricato, ossia il legislatore. Il meccanismo di determinazione del prezzo per i beni e i servizi pubblici in una democrazia funzionante può essere addirittura migliore di quello risultante dalla libera economia di mercato: elezioni, votazione e approvazione annuale della proposta governativa di bilancio, stretta sorveglianza pubblica della politica fiscale del governo. Qualcuno potrebbe osservare che la mano invisibile funziona non solo nel processo economico di decisione, ma anche in quello politico.

Chiaramente vi è una differenza rilevante nell'acquisto di una bottiglia d'acqua – o di ogni altro prodotto non pubblico – e dei beni pubblici. I primi vengono scelti individualmente dal soggetto, infatti il compratore può scegliere se acquistare un prodotto pubblico o privato. Invece l'ammontare di discrezionalità relativo ai secondi è molto più limitato, poiché una volta che questi sono stati scelti, gli individui sono costretti a comprare e consumare i beni e i servizi che il governo eletto ha fornito. Potremmo decidere di non acquistare la bottiglia d'acqua se non il prezzo non ci aggrada, ma non possiamo rifiutarci di pagare per la sicurezza nazionale poiché il prezzo è eccessivo. L'unica soluzione sarebbe quella di sbarazzarsi del governo scelto attraverso un processo piuttosto lungo e tedioso.

Al riguardo disponiamo di un'altra significativa possibilità di scelta anche relativamente ai beni e ai servizi pubblici. Secondo l'ipotesi di Tiebout (Charles Tiebout) i vari governi sono in competizione l'uno con l'altro. Se non ci piacciono i servizi pubblici messi a disposizione dal nostro governo, possiamo trasferirci sotto un'altra autorità che offra un insieme migliore di beni e servizi pubblici, che disponga di un sistema tributario differente e di un complesso di attività e che si avvicina maggiormente alle nostre necessità e preferenze. Le persone non votano solamente con le schede elettorali ma anche con i piedi. Sebbene Tiebout concentrasse la sua analisi relativamente alle autorità locali, con la globalizzazione pare probabile che anche le nazioni sovrane saranno costrette in un futuro a competere in modo più aggressivo per mantenere il sostegno dei loro residenti.

2) Il processo di riscossione

Il tema della riscossione è una questione pratica. È decisamente più facile per il venditore di beni privati dimostrare che un soggetto ha preso e sta utilizzando la merce. Invece è molto più difficile per il Governo dare piena prova che un residente o un cittadino usi o consumi i beni forniti dal governo. In altre parole si tratta di una questione quantitativa: l'onere della prova. Questo problema pratico è aggravato dal fenomeno dei *Free riders*, ossia quei membri della comunità che tentano di beneficiare di beni e servizi pubblici senza pagarli. Dato che per definizione questi beni e servizi sono non rivali e non escludibili, i *Free riders* approfittano della situazione ragionando in questo modo: "i beni e i servizi vengono forniti ugualmente; se li utilizzo nessuno se ne accorgerà; il mio consumo non danneggerà alcun membro della società; nessuno dovrà ridurre il suo utilizzo del bene o pagare un prezzo più alto a causa del fatto che anch'io consumo il bene, perciò non lo pagherò".

Il fatto è che se ogni membro della comunità agisse in questo modo il governo non sarebbe più in grado di fornire il servizio che ci si aspetta. Un esempio comune del problema dei *Free riders* sono le spese per la difesa e la sicurezza nazionale: nessuno può escludere di essere difeso dall'esercito o dalle forze di pubblica sicurezza e perciò i free riders possono rifiutarsi di pagare o eludere il pagamento per essere difesi, ma ciononostante questi verranno protetti e difesi come quelli che hanno contribuito ai costi sostenuti dallo stato per tali servizi. Pertanto i governi devono evitare di basarsi unicamente sulle donazioni volontarie. A tal proposito invece utilizziamo le imposte con un meccanismo di riscossione effettivo ed esecutivo. In altre parole, la principale caratteristica delle imposte è quella di essere "pagamenti obbligatori".

Tale aspetto si pone l'obiettivo di prevenire il comportamento abusivo dei *Free riders* (esattamente come il diritto civile e penale mirano ad assicurare che chiunque prenda della merce dal supermercato ne paghi il relativo prezzo).

Quindi l'aspetto obbligatorio costituisce la reazione della società ai *Free riders*. Senza questi ultimi vivremmo in una società ideale, dove ogni membro contribuisce a sostenere i costi del governo attribuendogli la propria parte giusta senza coercizione e con costi più bassi. I *Free riders* con il loro atteggiamento egoista – esattamente come i ladri nel supermercato – ci conducono ad aggiungere al sistema una riscossione costosa e un meccanismo esecutivo al fine di assicurarci che tutti paghino effettivamente la loro parte.

Perciò sovviene facile una conclusione: gli evasori non sono eroi.

Danneggiano la nostra società e ognuno di noi. Gli effetti negativi delle loro azioni sono devastanti. A causa del loro comportamento o noi paghiamo di più di quanto dovremmo oppure beneficiamo in misura minore dei beni e dei servizi che il governo dovrebbe mettere a disposizione. Senza *Free riders*, evasori d'imposta, ladri e rapinatori il prezzo di beni e servizi sia pubblici che privati sarebbe inferiore e il benessere complessivo della società molto più elevato.

3) Sintesi dei punti precedenti

Sia le osservazioni sul progetto congiunto che quelle sul prezzo d'acquisto di beni e servizi pubblici conducono alle stesse conclusioni: una (buona) imposta non è unicamente il prezzo che concordiamo di pagare (o alle aziende-produttori o ai consumatori-produttori in proprio) per i beni e servizi pubblici che abbiamo richiesto al governo che noi stessi abbiamo eletto, ma il fornitore di tali prodotti – ossia il governo prescelto – è totalmente autorizzato a prendersi la sua parte. In entrambi i casi dobbiamo introdurre norme che prevedano misure esecutive al fine di garantire che quelli che hanno utilizzato i beni e i servizi ne paghino effettivamente il prezzo e non rimangano free riders.

8. L'Amministrazione finanziaria, gli interessi e i diritti di rango costituzionale

Alcune questioni davvero interessanti si sviluppano sia sotto il profilo del diritto costituzionale sia sotto quello del diritto amministrativo a cause delle possibili violazioni dei diritti umani poste in essere dall'amministrazione finanziaria, ossia raccogliere informazioni sui contribuenti, invasione e violazione della privacy e della riservatezza del contribuente, violazione del principio di uguaglianza e così via.

9. Diritto Amministrativo e diritto tributario

Il diritto amministrativo si occupa principalmente di due problemi: il potere della pubblica amministrazione, la sua giurisdizione ("cosa") e la sua discrezionalità ("come") nell'esercizio della sua attività. Una regola basilare afferma che l'amministrazione è autorizzata ad agire solamente nei casi in cui le sia garantita un'autorità specifica da parte di una norma conforme alla Costituzione.

I poteri dell'amministrazione finanziaria si compongono del potere di emanare regolamenti tributari, di giudicare controversie fiscali e applicare la normativa tributaria nel campo specifico per il quale le sia stato delegato tale potere.

Le norme fiscali stabiliscono meccanismi esecutivi che conferiscono al funzionario tributario ampio potere quali quello di raccogliere informazioni numerose e di natura delicata relative ai contribuenti, di accedere alle sedi delle loro attività economiche e anche alle loro proprietà personali, di ordinare rapporti sulle attività economiche e sulla persona, di raccogliere e ricevere informazioni sullo standard di vita dei contribuenti. Anche il potere di giudizio dell'amministrazione finanziaria non è insignificante: questa può annullare la validità della tenuta dei libri contabili e dei libri mastri del contribuente; può emettere avvisi di accertamento; può occuparsi delle contestazioni sollevate dal contribuente; può imporre sanzioni amministrative. Il potere legislativo dell'amministrazione tributaria riguarda aspetti importanti come emanare le regole applicative che riguardano la tenuta dei libri contabili e dei libri mastri; il ministro delle Finanze è autorizzato dalla normativa tributaria ad emettere regolamenti che attribuiscono poteri e compiti precisi all'amministrazione finanziaria. Ovviamente il Ministro dispone di un potere normativo limitato e la domanda è proprio: quali sono queste limitazioni? Il Ministro è autorizzato a modificare disposizioni che sono inserite in norme tributarie di rango primario?

In Israele ad esempio si ritiene che i regolamenti in materia tributaria possano riguardare unicamente aspetti quantitativi, estimativi e contabili ma non disciplinare aspetti sostanziali, esattamente come in Italia.

Ad esempio: la legge pone la norma sostanziale sulla deducibilità delle spese e il regolamento ministeriale ne disciplina invece alcune limitazioni, stabilendo che queste trovino applicazione quando le spese abbiano carattere misto – strumentali all'attività e ad uso personale o correnti e di capitale. In tali situazioni il regolamento ministeriale mira a garantire un'allocazione corretta tra i componenti deducibili e quelli che non lo sono. Sicché se il contribuente riesce a dimostrare che nel caso di specie non sono presenti componenti non deducibili (perciò non è necessaria alcuna allocazione) l'intero ammontare potrà essere dedotto indipendentemente dal regolamento.

Inoltre l'amministrazione tributaria (in Italia, l'Agenzia delle Entrate) occupa un ruolo importante anche nello sviluppo della legislazione tributaria, sia attraverso la presentazione di disegni di legge in materia fiscale al legislatore sia essendo parte nei giudizi originati da controversie tributarie.

A causa dell'ampia discrezione di cui l'amministrazione finanziaria gode in riguardo al suo potere di giudizio, al contribuente è riconosciuto il diritto di contestare e di impugnare l'avviso di accertamento avanti il tribunale distrettuale. Dall'altro lato vi è sempre il timore che i funzionari tributari siano troppo generosi a spese delle finanze pubbliche. Pertanto è stata inserita una norma speciale che proibisce a tutti i funzionari finanziari, incluso il Ministero delle finanze, di concedere qualsiasi sgravio fiscale a titolo di favore.

Inoltre è piuttosto risaputo che i politici amino molto utilizzare incentivi fiscali selettivi invece di sussidi finanziari diretti. Gli ultimi sono esposti al controllo pubblico dato che devono essere inseriti nella legge finanziaria annuale, mentre la popolazione non comprende il significato profondo e l'intera portata dei primi e soprattutto non coglie la reale perdita per le finanze statali. Gli incentivi infatti una volta che sono entrati in vigore rimangono nella normativa tributaria per sempre o almeno fino a quando non vengono abrogati tramite il processo legislativo.

Il prof. S. Surrey riuscì a persuadere il governo federale degli Stati Uniti d'America che dal punto di vista dei membri della comunità, non vi è alcuna differenza fra sussidi diretti e incentivi fiscali; questi ultimi devono essere intesi come se il contribuente pagasse la propria parte dovuta per i beni e i servizi pubblici e ricevesse a sua volta dal governo la stessa somma.

Quindi gli incentivi fiscali, come ogni altra spesa dello stato devono essere sottoposti al controllo pubblico, ossia devono essere inseriti nel disegno di legge finanziaria che contiene il bilancio annuale dello Stato. Da quel momento gli incentivi sono inclusi nel bilancio annuale alla voce "Uscite tributarie". Si è già detto in precedenza che invece la situazione in Italia non è altrettanto lineare: qui gli incentivi fiscali una volta introdotti nelle leggi di imposta restano nell'ordinamento a tempo indefinito.

10. Diritto Penale e diritto tributario

Come già sottolineato, a causa del fenomeno dei *Free riders* le imposte sono applicate e riscosse come se fossero un pagamento obbligatorio. Tale aspetto emerge più chiaramente nelle norme penali tributarie.

Le norme tributarie classificano alcuni comportamenti quali reati: in italia la legislazione penale repressiva dell'evasione fiscale e di alcuni comportamenti ad essa prodromici è contenuta in leggi speciali al di fuori del codice penale.

Alcuni di questi illeciti sono di carattere tecnico, alcuni sono reati minori, altri invece sono particolarmente gravi, a fronte ad esempio di emissione di documenti falsi o contraffatti (soprattutto fatture). Sebbene in questo libro non si trattino tali aspetti del diritto tributario, è ugualmente importante evidenziare come la linea di confine tra la legittima pianificazione fiscale, le transazioni artificiali e abusive e l'evasione fiscale non è del tutto netta.

11. Altri rami dell'ordinamento

Non è necessario dilungarsi in numerose osservazioni riguardo al fatto che l'obbligo di pagare le imposte generi una quantità significativa di problemi giuridici che vanno al di là della disciplina prettamente tributaria.

Le imposte vengono applicate in genere alle attività economiche e ai loro risultati. L'identificazione di tali attività è compiuta da norme per ogni settore giuridico come i contratti, gli illeciti civili, la proprietà, il mandato, il *trust*, le società e così via.

La classificazione giuridica di una certa attività determina il sorgere o meno dell'obbligazione tributaria. Per esempio, se noi classifichiamo la somma ricevuta da una persona come una donazione fattale da un amico, tale ammontare è generalmente esente da imposte; se un contratto fra due contribuenti è qualificato come contratto di società, gli utili sono considerati come reddito d'impresa, mentre se l'obbligazione riguarda un canone di locazione, si tratterà di reddito da fabbricati e alle volte è sottoposto a regole tributarie differenti . Lo stesso se definiamo una data somma come eredità o come un'obbligazione compensativa per servizi precedenti; per premi e assegnazioni previsti in contratti commerciali o ricavi di lotterie e giochi e la lista potrebbe continuare a lungo.

In breve, le conoscenze giuridiche sono d'obbligo quando si devono affrontare questioni fiscali.

12. Diritto tributario

Il termine diritto tributario è l'espressione generale che comprende tutte le fonti sottostanti a quel settore che riguarda l'obbligazione tributaria, le vertenze tributarie e i versamenti tributari. È una autentica sovrapposizione di discipline molto differenti tra loro che incontrano leggi e previsioni regolamentari, come il codice tributario statunitense o la legislazione speciale tributaria e le sue disposizioni applicative, le convenzioni internazionali contro le doppie imposizioni e così via. La giurisprudenza, le circolari dell'amministrazione finanziaria (*"Revenue Ruling"*) e le regole d'interpretazione giuridica fanno anch'esse parte del diritto tributario.

Capitolo 6. Le fonti non giuridiche.

L'affermazione progressiva delle Costituzioni nazionali rigide, che prevalgono sulla legge ordinaria e la cui forza vincolante s'impone al legislatore, unitamente al consolidarsi di un nuovo metodo di interpretazione dei testi normativi, quello teleologico, per il quale il metodo primario di interpretazione non è più costituito dal ricercare l'intenzione originaria del legislatore ma nell'individuare lo scopo della disposizione nel momento della sua applicazione, consentono di limitare i diversi significati letterali che possono attribuirsi in astratto agli enunciati normativi. Quelli di natura tributaria non fanno eccezione.

Gli obiettivi dell'interpretazione delle norme fiscali possono essere individuati nella mediazione tra le opposte esigenze di efficienza e di equità del sistema normativo tributario. Queste, essendo in in conflitto tra loro, richiedono al fine di raggiungere l'equilibrio del sistema, l'ausilio di discipline non strettamente giuridiche e in particolare delle scienze economiche e filosofiche.

1. La giustificazione dell'imposizione secondo le scienze filosofiche

Oltre alle considerazioni sopra effettuate sia in merito al rischio che l'imposizione possa violare il diritto di proprietà costituzionalmente tutelato sia in merito alla teoria di Locke della c.d. " *Labor justification*", è ora il momento di svolgere alcune considerazioni concernenti le giustificazioni filosofiche all'imposizione fiscale.

È doveroso premettere, prima di tutto, che la rilevante varietà di opinioni tra i diversi autori che sussiste in questa materia, consentirà di prendere in considerazione, in questa sede, solamente quelle ritenute più rilevanti.

In primo luogo alcuni autorevoli filosofi (tra gli altri John Rawls, Richard Nozick, Murphy e Nagel) ritengono che la politica fiscale sia priva di una propria autonomia. Per questo motivo i sistemi fiscali sarebbero solamente un mezzo mediante il quale si dovrebbero essenzialmente perseguire tre obiettivi:

1. La giustizia sociale;
2. La promozione di valori etici e morali e
3. La redistribuzione del reddito tra i consociati.

Secondo la suddetta linea di pensiero vi sarebbe quindi solo un piccolo spazio di autonomia per la politica fiscale in quanto tale e un eventuale studio specifico dell'equità fiscale non fornirebbe contributi supplementari rilevanti rispetto a quelli già forniti dalle considerazioni generali sull'equità.

Alla luce delle suddette considerazioni è difficile poter concordare con la teoria di Nozick secondo la quale le tasse possono essere paragonate ai lavori forzati, perché sottraendo al contribuente parte della propria ricchezza, lo obbligano a destinare una parte dei proventi della sua attività lavorativa alla soddisfazione di interessi altrui, ma non vi sarebbe alcuna giustificazione di fondo ad un sistema in cui il lavoro di un individuo è destinato a garantire un beneficio altrui.

Tuttavia poiché mediante l'imposizione vengono finanziate le politiche sociali e di *welfare*, i consociati con minor forza economica hanno diritto a godere di beni e servizi prodotti da altri, indipendentemente dall'esistenza di relazioni tra questi.

Lo stesso Nozick ha poi elaborato un'altra interessante teoria al fine di giustificare un livello di tassazione inferiore per i contribuenti con minore capacità economica. Infatti ad opinione dell'Autore tutti i membri di una comunità devono pagare le imposte per beneficiare della protezione dei propri diritti naturali, come se tale protezione fosse garantita da un sistema di libero scambio.

La suddetta protezione viene invece garantita dal governo, che presta i propri servizi a tutti i membri della comunità, ivi compresi coloro che a causa della propria debolezza economica, non avrebbero acquistato tale protezione nel mercato privato. Inoltre i soggetti con minore capacità economica non possono sottrarsi all'acquisto dei predetti servizi dallo Stato e neppure possono acquistarne una quantità limitata, sicché principi di giustizia distributiva suggeriscono di concedere a tali soggetti vantaggi fiscali, che rappresenterebbero in un'ottica di libero mercato uno sconto sul prezzo dei servizi resi.

Il maggior sostenitore nel XX secolo della teoria della giustizia distributiva appena accennata poco sopra è probabilmente John Rawls.

Egli contestava in primo luogo la validità delle teorie che sostenevano l'efficacia dell'economia di mercato nella distribuzione della ricchezza e in secondo luogo, attraverso la metafora del *"Veil of ignorance"*, proponeva le linee guida fondamentali per l'affermazione della giustizia distributiva.

Egli sosteneva in particolare che i rappresentanti della comunità che si trovano oltre il c.d. *"Veil of ignorance"*, possono selezionare due principi di giustizia distributiva nell'organizzazione della società: l' *"Equal liberty principle"* ed il *"Difference principle"*.

In forza dell' *"Equal liberty principle"* ad ogni membro della comunità verrebbe garantito un regime pienamente adeguato di protezione delle libertà fondamentali, comparabile con quello garantito a tutti gli altri membri della medesima comunità.

In forza del secondo principio invece, le diseguaglianze sociali ed economiche sono sopportabili quando soddisfano due condizioni: la prima c.d. *"Equal liberty"*, per la quale tutte le posizioni egli impieghi sono accessibili a tutti (*all positions and offices are open to all*), e la seconda c.d *"Maximum rule"* (*the maximum/greatest benefit or the minimum/least advantaged*).

Secondo i suddetti principi quindi, l'imposizione avrebbe soprattutto la funzione di redistribuire la ricchezza tra i consociati, prelevando in capo a coloro che hanno maggiore capacità economica un ammontare di ricchezza superiore rispetto a quella che viene prelevata in capo a coloro che hanno una capacità economica inferiore, trova pertanto fondamento in tali teorie il principio della progressività dell'imposizione.

Il XIX secolo fu inoltre il secolo di alcuni filosofi radicali come l'americano Henry David Thoreau, noto come "*Tax resister*", in quanto sosteneva che un cittadino non era tenuto all'obbedienza fiscale e alla cooperazione nei confronti dei provvedimenti adottati dal Governo qualora questi fossero ingiusti o fossero atti di cattiva amministrazione, e riteneva inoltre che non si potesse scindere la politica generale del Governo dalla sua politica fiscale: pertanto la cattiva amministrazione avrebbe travolto anche la politica fiscale.

Come già indicato in precedenza, il fondamento dell'imposizione è costituito dal contratto sociale, in forza del quale ogni consociato che beneficia dei beni e dei servizi pubblici deve versare un corrispettivo per tale godimento.

I beni e i servizi pubblici di cui beneficiano i contribuenti hanno una doppia valenza, da un lato infatti tali beni e servizi possono essere impiegati nella produzione di reddito o altra forma di ricchezza, mentre dall'altro lato essi possono direttamente formare oggetto di godimento o di risparmio. Tali beni e servizi sono quindi necessari per la produzione di ricchezza, e in loro assenza i consociati non sarebbero in grado di produrre alcun reddito.

Ne consegue che l'attività economica è un'attività che richiede una partecipazione comune delle imprese private e dei pubblici poteri.

In particolare, i pubblici poteri avrebbero il compito di promuovere gli investimenti fisici (come ad esempio le infrastrutture) e sociali (come ad esempio la formazione), offrendo così alle aziende le condizioni per operare con successo e raggiungere i propri obiettivi economici.

Lo schema appena descritto, denominato *"joint project approach"*, descrive la stretta correlazione che intercorre tra il processo di produzione del reddito in conseguenza dell'attività economica delle aziende e l'esercizio dei pubblici poteri, i quali, in forza del suddetto schema, recuperano gli investimenti effettuati tramite l'imposizione fiscale sul reddito e sulla ricchezza prodotta dalle aziende. Inoltre sempre attraverso l'imposizione gli enti pubblici otterranno il pagamento beni e dei servizi forniti ai consociati e da questi ultimi direttamente consumati.

Nel corso del XIX secolo si è inoltre affermata, in contrapposizione al contratto sociale, la teoria del sacrificio uguale, attribuita a John Stuart Mill, ed in forza della quale l'imposizione fiscale avrebbe dovuto incidere con la medesima pressione su tutti i consociati. L'evoluzione di tale dottrina ha determinato nel secolo successivo l'affermazione del principio di capacità contributiva.

il principio del beneficio è infatti capace di giustificare solamente l'esistenza della tassazione, ma non è in grado da solo di giustificare l'effettivo ammontare del prelievo che grava sui singoli contribuenti. A tal fine intervengono:

- Il principio economico dell'utilità marginale decrescente del reddito, per il quale le unità di denaro guadagnate non hanno tutte lo stesso valore, ma quest'ultimo diminuisce all'aumentare del reddito
- La teoria del sacrificio uguale, per la quale il sacrificio che il contribuente sopporta pagando le imposte diminuisce all'aumentare del reddito.

Queste ultime teorie in base alle quali tradizionalmente si giustifica la progressività dell'imposizione sono tuttavia di dubbia validità in assenza di dati sufficientemente precisi sull'effettiva pendenza della curva dell'utilità marginale del reddito (criticano questa impostazione tra gli altri B.W.J. Blum and H.K. Kalven), sicchè attualmente la progressività dell'imposizione è fondata prevalentemente sulle decisioni normative dei legislatori che trovano fondamento nei valori etici diffusi nella società.

Apparentemente la teoria del beneficio e quella della capacità contributiva producono effetti contraddittori, sembrerebbe infatti che il contribuente che manifesti maggiore capacità contributiva, sia anche quello che consumi la minor quantità di beni e servizi pubblici, in quanto autonomamente in grado di procurarseli sul mercato.

Al contrario, ad una più attenta valutazione le suddette teorie determinano gli stessi effetti: i contribuenti che manifestano maggiore capacità contributiva sono anche quelli che utilizzano maggiormente i beni e i servizi pubblici, sia quelli funzionali all'esercizio di attività economiche, sia quelli che vengono consumati direttamente. Per quanto riguarda i primi infatti, saranno i contribuenti che producono la maggiore ricchezza ad utilizzarne una quantità maggiore, ma anche i benefici ottenuti dalla seconda categoria di beni e servizi pubblici, come ad esempio la tutela della legge e dell'ordine, la difesa, la protezione della proprietà privata e l'esistenza di un mercato efficiente, saranno maggiori per i contribuenti con elevata capacità contributiva.

Infatti i contribuenti che hanno una capacità contributiva maggiore godono in misura superiore dei beni e dei servizi pubblici che riconoscono e proteggono la loro ricchezza con l'effetto, al contrario di quanto poteva a prima vista apparire, che la teoria del beneficio e quella della capacità contributiva si completano a vicenda.

La conclusione a cui si è appena giunti non è tuttavia nuova, essa fu infatti prospettata da Adam Smith nel suo *An Inquiry into the Nature and Causes of the Wealth of Nations*, in cui l'Autore sosteneva infatti che:

The subjects of every state ought to contribute towards the support of the government, as nearly as possible, in proportion to their respective abilities; that is, in proportion to the revenue which they respectively enjoy under the protection of the state. The expense of government to the individuals of a great nation, is like the expense of a great estate, who are all obliged in proportion to respective interests to the estate.

Tuttavia non tutti gli studiosi di diritto tributario si sono impegnati nella ricerca di una giustificazione all'esistenza dell'imposizione. Alcuni infatti secondo un approccio realista accettano l'esistenza della tassazione, ritenendo che essa non abbia bisogno di alcuna giustificazione particolare, che dovrebbe invece essere limitata alle caratteristiche di ogni singola imposta.

Secondo questa corrente di pensiero che nel corso del XX secolo si è diffusa fino a formare la c.d. "Scuola positivista", le motivazioni filosofiche, morali ed etiche non costituiscono più gli elementi fondamentali per mezzo dei quali giustificare l'esistenza della tassazione. Il ruolo centrale viene ora ricoperto dagli elementi di natura economica ed in particolare dagli argomenti di economia e finanza pubblica. Il punto di riferimento per la valutazione dei sistemi fiscali non è quindi più costituito da ragioni di giustizia ed equità, ma diviene ora assorbente il tema dell'efficienza, anche se non è possibile escludere che attraverso tale nuovo metodo possano comunque essere valutate questioni di giustizia ed equità.

Nel corso del ventesimo secolo alcuni autorevoli economisti (primo fra tutti A. Marshall, seguito dal suo studente A.C. Pigou) hanno sviluppato la teoria che supporta la tassazione progressiva. Essi sostengono l'utilità marginale del reddito, vale a dire che l'utilità degli incrementi di reddito diminuisce all'aumentare del reddito stesso, per cui maggiore è il reddito minore è la sua utilità marginale.

Tale concetto può essere chiarito con un esempio: si pensi al beneficio che può ricevere colui che guadagna 10,000 $ e riceve un aumento di 1,000 $ e l'indifferenza di colui che guadagna 1,000,000 $ e riceve il medesimo aumento di 1,000 $.

Ne consegue che al fine di ottenere un sacrificio uguale da parte di tutti i contribuenti è necessario utilizzare un sistema di aliquote progressive che colpisca i contribuenti con reddito più elevato con aliquote d'imposta più alte rispetto ai contribuenti con minor reddito.

Tale conclusione non è tuttavia esente da critiche, la principale delle quali consiste nel fatto che l'imposizione progressiva è fondata su ipotesi che sono quasi impossibili da dimostrare empiricamente. Infatti, come è stato già dimostrato (da Blum e Kalven) finchè non sarà possibile determinare con certezza la pendenza della curva della diminuzione dell'utilità marginale del reddito, non sarà possibile strutturare le aliquote d'imposta in modo da ottenere un effettivo sacrificio uguale di tutti i contribuenti.

Inoltre il metodo delle aliquote crescenti non è l'unico metodo che consente di ottenere un'imposizione progressiva. Infatti tale risultato, come si vedrà meglio in seguito, può essere raggiunto anche attraverso un'aliquota proporzionale con una esenzione alla base.

È infine interessante notare che, nonostante J.S. Mill abbia introdotto la teoria del sacrificio uguale, egli si oppose poi alla tassazione progressiva del reddito considerandola "*A mild form of robbery*" che sarebbe andata a penalizzare coloro che maggiormente hanno lavorato e risparmiato.

In conclusione di questa parte è appena il caso di precisare che un'analisi utilitarista può promuovere allo stesso modo sia riforme normative che giustizia sociale. In una società caratterizzata dalla giustizia sociale, viene protetto il senso di solidarietà tra i consociati e tendono a diminuire il tasso di criminalità e la spesa per la sicurezza interna. In tale società aumentano il benessere personale ed aggregato, attraendo investimenti che a loro volta producono un incremento della crescita economica ed un nuovo aumento del benessere generale.

Pertanto in una moderna democrazia gli investimenti per la protezione della giustizia sociale determinano a loro volta una promozione del capitale umano e sociale che assicura una costante crescita economica e del benessere generale.

2. Economia e diritto tributario

L'economia può essere definita, in via di prima approssimazione, come quella scienza che si occupa di studiare le relazioni tra gli agenti e le modalità con cui i beni e i servizi vengono prodotti, distribuiti e consumati. L'analisi economica può essere applicata a diversi settori della società, come ad esempio alle relazioni tra imprese private, alla finanza pubblica o ai provvedimenti governativi.

A. Economia pubblica

In un'ottica puramente economica si può sostenere che l'imposizione fiscale non sia necessaria al fine di finanziare la produzione di beni e l'erogazione di servizi pubblici. Tale risultato infatti potrebbe essere allo stesso modo garantito da un sistema di prezzi fissato dal governo e di debiti da quest'ultimo contratti. Tuttavia non si ricordano casi nei quali un governo abbia deciso di rinunciare all'imposizione fiscale finanziando beni e servizi pubblici attraverso un sistema di prezzi e debiti, ciò in quanto il debito pubblico che verrebbe generato da siffatto sistema metterebbe a rischio la sopravvivenza del sistema economico attuale e trasferirebbe sulle generazioni future il dovere di far fronte al debito pubblico pubblico creato dalle generazioni precedenti.

il sistema fiscale può inoltre essere utilizzato dal governo come strumento per regolamentare le attività economiche nazionali, come ad esempio i consumi pubblici e privati, le spese e gli investimenti. Pertanto, agendo sul proprio sistema fiscale il governo può incentivare o disincentivare il livello dei consumi, adottando politiche che abbiano, tra gli altri obiettivi, anche quello di controllare il tasso d'inflazione o di stimolare la crescita economica nazionale.

Nella politica monetaria invece il governo dovrebbe adottare un atteggiamento diverso riducendo il proprio campo d'intervento, e raggiungendo i suoi obiettivi essenzialmente tramite il controllo dei tassi d'interesse nazionali. In particolare un governo conservatore tende ad utilizzare i suddetti principi di politica monetaria e ad adottare un sistema fiscale il più possibile neutrale, vale a dire che interferisca il meno possibile con le decisioni economiche dei singoli.

B. Macroeconomia

La macroeconomia è quel settore dell'economia che si occupa di studiare attraverso l'impiego di una serie di indicatori come il P.I.L. (Prodotto interno lordo, vedi *infra*), l'indice di disoccupazione, l'inflazione, il reddito nazionale e gli indici dei consumi e del risparmio, il comportamento e la struttura dell'economia nazionale e quindi, in ultima analisi, l'impatto delle attività economiche sul benessere collettivo della società.

I principali strumenti a disposizione del governo per raggiungere gli obiettivi di politica economica sono la politica fiscale e quella monetaria.

1) Il prodotto interno lordo e gli altri indici

Uno dei principali obiettivi della politica economica di un governo è quello di migliorare il benessere individuale dei singoli consociati e quello collettivo della comunità. Al fine di misurare il livello di benessere della società uno degli indicatori maggiormente utilizzati è costituito dal prodotto interno lordo (P.I.L.) che, misurando l'ammontare dei beni e dei servizi prodotti e venduti all'interno del territorio nazionale nel corso di un anno solare, è in grado di fornire indicazioni utili, sulla variazione, in aumento o in diminuzione, dell'economia nazionale nel medesimo periodo di tempo. Infatti se ad esempio il PIL dell'anno in corso fosse superiore del 5% rispetto a quello dell'anno precedente, sarebbe possibile concludere che in un anno l'economia nazionale è cresciuta del 5%.

Tuttavia, si sta registrando una crescente diffidenza nei confronti P.I.L. come indicatore macroeconomico di benessere, infatti alcuni economisti di rilievo come il premio Nobel americano Simon Kuznets, che sviluppò negli anni '30 i metodi di misurazione del prodotto nazionale lordo allo scopo di migliorare la contabilità nazionale dell'amministrazione statunitense, ritengono sopravvalutate le informazioni che possono ottenersi tramite il PIL, criticando questo strumento in quanto non è in grado di misurare l'effettivo benessere dei singoli e della comunità.

In primo luogo infatti la validità della relazione tra P.I.L. e crescita economica è influenzata dalle difficoltà pratiche nel definire e misurare il concetto di benessere (benessere fisico ? Intellettuale ? Emotivo? O livello di soddisfazione generale ?), da cui deriva la tendenza a confondere il mero andamento economico con l'effettivo benessere individuale.

Inoltre il P.I.L. non è in grado di distingue tra attività economiche in crescita e attività economiche in perdita, o di isolare gli effetti normativi della crescita economica dalla la sua distribuzione tra i membri della società. Il P.I.L.

non è infine capace di tenere conto degli effetti negativi prodotti dalla crescita economica, come l'inquinamento, l'esaurimento delle risorse naturali o la riduzione del tempo libero o del tempo impiegato in attività sociali.

Alcuni movimenti politici e sociali (O.N.G. in particolare) hanno cercato di offrire indicatori alternativi al P.I.L., ad esempio *Redefining Progress* ritiene che attraverso il curioso standard del P.I.L., gli eventi più desiderabili sarebbero un terremoto o un uragano, in quanto capaci di creare movimenti di denaro che vanno ad incrementare, in seguito al venire meno dell'evento, la ricchezza prodotta.

Un'altra iniziativa è stata proposta dal Centre for Bhutan Studies, il quale ha avanzato l'idea di utilizzare un indicatore denominato *"Genuine National Happiness"*, il quale si compone di nove dimensioni selezionate su basi normative ed equamente ponderate: benessere psicologico, tempo libero, vitalità della comunità, cultura, salute, istruzione, varietà ambientale.

Le stesse Nazioni Unite hanno iniziato all'incirca vent'anni fa ad utilizzare un indice alternativo denominato *"Human Development Index"*, che pone la persona umana al centro dello sviluppo, infatti, secondo la stessa posizione delle Nazioni unite:

> *"It is about people realizing their potential, increasing their choices and enjoying the freedom to lead lives they*

value. Since 1990, annual Human Development Reports have explored challenges including poverty, gender, democracy, human rights, cultural liberty, globalization, water scarcity, climate change, and mobility'.

Lo "Human Development Index", ha l'obiettivo di misurare lo sviluppo della persona umana in un determinato paese per mezzo di tre parametri: l'aspettativa di vita alla nascita, l'accesso alla conoscenza e il P.I.L .pro-capite determinato a parità di potere d'acquisto misurato in dollari USA. Tuttavia, nonostante le critiche all'indice PIL e i tentativi di introdurre indici diversi, in un'ottica strettamente economica il tema principale rimane quello della crescita, a cui si correlano, successivamente, le soluzioni normative per distribuire la ricchezza prodotta.
Pertanto il rapporto tra crescita economica e sistema tributario continuerà in questa sede ad essere studiato avuto riguardo agli indicatori economici tradizionali.

2) Crescita economica e sistema tributario

Uno degli argomenti più interessanti nello studio delle relazioni tra crescita economica e sistema tributario riguarda i rapporti tra crescita ed aliquote d'imposta, è infatti opinione diffusa che esista un rapporto inverso tra aliquote d'imposta e crescita economica, vale a dire che maggiori saranno le prime minore sarà la seconda e viceversa. Tuttavia non vi sono evidenze empiriche a sostegno della predetta convinzione. Al contrario tali evidenze sembrano sostenere la tesi opposta: infatti, almeno nell'esperienza statunitense, si sono registrati periodi di crescita economica elevata negli stessi anni in cui anche le aliquote d'imposta erano elevate.

Una spiegazione di tale fenomeno può essere basata sulla teoria Keynesiana (proposta nel XX secolo dall'economista britannico premio Nobel John Maynard Keynes), che ritiene necessaria al fine di stimolare l'economia un aumento della domanda aggregata, a sua volta composta dalla domanda privata, dalla domanda di investimenti e dalla domanda pubblica. Egli riteneva che una riduzione della aliquote d'imposta, anche se aumentava il reddito netto nel mercato privato, qualora la propensione al consumo fosse stata inferiore ad 1 non avrebbe prodotto un aumento della domanda privata né di quella per investimenti, non producendo di conseguenza un aumento della domanda aggregata e della crescita economica. Al contrario, se il governo è efficiente, un aumento delle aliquote d'imposta, per mezzo delle nuove entrate che comporta, produce un aumento della domanda pubblica e di conseguenza un aumento di quella aggregata, determinando pertanto uno stimolo all'economia.

Ne consegue che in tempi di recessione o di crisi economica e qualora il governo sia efficiente, la crescita potrebbe essere stimolata incrementando le aliquote d'imposta.

La crescita economica presuppone inoltre un incremento di ricchezza il quale viene generato attraverso l'impiego dei c.d. "fattori della produzione".

Tradizionalmente venivano considerati quali fattori della produzione il capitale finanziario, le attività che si potevano procurare per mezzo di quest'ultimo (come terreni, macchinari e materie prime) ed il lavoro, ma nell'ultimo secolo l'analisi economica ha iniziato a fornire indicazioni per definire puntualmente i suddetti fattori.

Infatti, in materia di lavoro si fa oggi riferimento al capitale umano, comprendente anche il bagaglio di conoscenze personali dei lavoratori e le conoscenze tecnologiche. Viene inoltre riconosciuto il contributo del capitale sociale, composto principalmente dagli investimenti pubblici e finanziato dal gettito fiscale, allo sviluppo delle attività economiche, della produzione e della crescita.

3) Le imposte come stabilizzatori automatici

I governi possono utilizzare la politica fiscale come strumento per realizzare i propri obiettivi di politica economica, in particolare agendo sull'imposizione progressiva sui redditi e sull'imposizione sulle società, è possibile ottenere degli effetti immediati sull'economia.

Infatti da un lato l'imposta progressiva aumenta più che proporzionalmente al crescere del reddito, ma in periodo di recessione o di crisi economica l'ammontare del prelievo prodotto da tale tipo d'imposta si riduce più rapidamente del reddito, riducendone la contrazione e compensando almeno in parte il calo dei consumi, secondo un effetto denominato "moltiplicatore".

Dall'altro lato le imposte sulle società applicate sugli utili da esse prodotti hanno un effetto simile a quello appena descritto, infatti in periodi di recessione o crisi la contrazione dei profitti è più veloce della diminuzione del fatturato, con conseguenza che la diminuzione del prelievo fiscale sarà maggiore rispetto alla diminuzione del giro d'affari della società.

Nei periodi di espansione della crescita economica le medesime imposte possono avere effetti stabilizzanti simili ma opposti a quelli appena descritti, evitando così un aumento dell'inflazione. Famiglie ed imprese infatti all'aumentare del reddito pagano quote sempre più alte d'imposta e vedono di conseguenza ridursi il loro reddito disponibile, sicchè verrà limitato l'aumento della domanda aggregata e ridotta la pressione inflazionistica.

4) Competizione fiscale internazionale

Uno degli aspetti più importanti nell'era della globalizzazione concerne la ripartizione del potere impositivo tra gli Stati nella tassazione delle attività transfrontaliere.

La tassazione delle attività transfrontaliere è informata a due principi: il *"Benefit principle"* , per il quale lo Stato che fornisce beni o servizi al contribuente, sia esso un privato o un imprenditore, ha anche il diritto di tassare il medesimo contribuente o i redditi da esso prodotti; ed il *"Single tax principle"*, per il quale i redditi possono essere tassati una sola volta, escludendo pertanto sia fenomeni di doppia imposizione sia fenomeni di salto d'imposta (cioè di nessuna imposizione).

Come già affermato dal Professor Reuven Avi-Yonah, l'applicazione dei suddetti principi attraverso forme giuridiche vincolanti ha portato alla formazione di un complesso sistema di regole che disciplinano la tassazione di fattispecie internazionali: tale sistema è composto in particolare dal diritto internazionale consuetudinario, dalla rete di trattati conclusi dagli Stati per evitare le doppie imposizioni e dalle normative interne di ciascuno Stato che disciplinano fattispecie internazionali.

Collegato alla ripartizione del potere impositivo, un altro obiettivo del sistema di regole appena descritto è quello di impedire, o quantomeno di limitare, la concorrenza fiscale tra gli Stati, per mezzo della quale gli stessi cercano di attrarre capitali stranieri nel proprio territorio.

A parere di alcuni studiosi la concorrenza fiscale internazionale rischierebbe di ridurre, e al limite di eliminare, lo stato sociale. Infatti a partire dalla riduzione delle aliquote d'imposta, si ridurrebbero le entrate statali e lo spazio di regolamentazione dello Stato, si ridurrebbero di conseguenza i programmi di *Welfare* e la fornitura di beni e servizi pubblici, l'effetto sarebbe quello di ottenere un aumento della povertà e una crisi della solidarietà sociale e della responsabilità del governo nonchè, infine, una diminuzione del capitale sociale.

Da un punto di vista economico, quindi, una diminuzione della pressione fiscale potrebbe determinare, in alcune circostanze, e in particolare in periodi di crisi economica, una minore crescita.

Peraltro anche il dibattito giuridico, in particolare a livello costituzionale, non è insensibile ai problemi di discriminazione ed equità collegati ai trattamenti fiscali di favore concessi agli investimenti e ai capitali stranieri.

C. La finanza pubblica

La finanza pubblica è quel settore dell'economia che si occupa principalmente della politica fiscale, sia dal lato della spesa (con l'analisi del bilancio nazionale), sia dal lato delle entrate (garantite principalmente da imposte e tasse).
Essa si occupa in particolare di individuare il sistema fiscale ottimale per lo Stato, i beni ed i servizi pubblici che dovrebbero essere garantiti dal governo e, più in generale, studia le relazioni tra il libero mercato e l'intervento dello Stato nell'economia proponendosi di individuare presupposti e limiti di tale intervento.

1) Imposizione e offerta di lavoro

Secondo un approccio tradizionale alle relazioni che si instaurano tra imposizione ed offerta di lavoro, all'aumentare delle aliquote d'imposta dovrebbe conseguire la diminuzione dell'offerta di lavoro e delle ore dedicate al lavoro. Tuttavia, un'analisi più profonda porta a conclusioni diverse.
Nonostante esistano teorie economiche contrastanti tra loro sembrano non esserci dubbi che la tassazione dei redditi da lavoro produca due effetti contrastanti, da un lato infatti, secondo

un approccio tradizionale, l'aumento delle aliquote d'imposta comporta una diminuzione dell'offerta di lavoro e delle ore dedicate al lavoro, mentre dall'altro lato un medesimo aumento delle aliquote comporta la necessità di un maggior lavoro per compensare la quota di reddito sottratta con l'imposizione.

Il punto di partenza per l'analisi degli effetti opposti è dato dalla scarsità della risorsa tempo e quindi dall'alternativa tra dedicare tempo al lavoro o al tempo libero, è infatti evidente che più ore vengono dedicate al lavoro meno ore restano a disposizione per il tempo libero, e viceversa.

Ne consegue che il valore di un'ora di lavoro è pari al valore di un'ora di tempo libero, quindi maggiore è il reddito prodotto ogni ora, maggiore sarà il valore del tempo libero. Viceversa più basso è il reddito prodotto ogni ora, più basso sarà il valore del tempo libero.

Secondo una regola generale, un aumento di salario costituisce un incentivo per lavorare un maggior numero di ore e ridurre al contrario le ore dedicate al tempo libero, secondo quanto visto poco sopra infatti, un aumento di salario determina un aumento del costo delle ore dedicate al tempo libero. Pertanto l'aumento dei salari comporta una pressione a lavorare un maggior numero di ore ed a spendere un minor numero di ore per il tempo libero.

Se prendiamo ora in considerazione l'effetto di un'imposta sul reddito da lavoro, si nota come questa comporti un effetto opposto a quello prodotto dall'aumento della retribuzione: infatti, dal momento che l'imposta riduce il reddito netto a disposizione del contribuente, riduce di conseguenza l'incentivo a lavorare un maggior numero ore, in quanto riduce il valore delle ore consumate nel tempo libero.

Al fine di comprendere gli effetti dell'imposta sull'offerta di lavoro è necessario partire da due presupposti, il primo per cui gli individui tendono ad aumentare il consumo di beni quando il loro reddito aumento e tendono invece a diminuirlo quando il reddito diminuisce, ed il secondo per il quale anche il tempo libero deve essere considerato come un bene.

Tuttavia è complesso riuscire a stabilire quale dei due effetti appena visti della tassazione sui redditi da lavoro sia preponderante, non esistono infatti dimostrazioni empiriche che offrano una soluzione univoca.

2) Tassazione ottimale e perdita secca

Uno degli aspetti più interessanti degli studi di finanza pubblica è dato dallo studio dell'impatto della tassazione sul benessere collettivo, vale a dire se il benessere collettivo aumenta o diminuisce a causa della tassazione.

Il presupposto comune agli studi di finanza pubblica è che ogni imposta comporta delle distorsioni sul piano economico e ciò è vero a maggior ragione per quanto riguarda le imposte sul reddito da lavoro nonostante il loro effetto aggregato sull'offerta di lavoro sia nullo, ciò perchè alcuni contribuenti sono stati colpiti dall'effetto di sostituzione ed altri dall'effetto reddito, sicché entrambi i gruppi hanno subito delle distorsioni e una riduzione del benessere.

Il primo gruppo ha ridotto l'offerta di lavoro ed il reddito prodotto, incrementando le ore dedicate al tempo libero, mentre il secondo gruppo ha incrementato le ore dedicate al lavoro riducendo quelle dedicate al tempo libero.

In ogni caso, anche se il contribuente non modificasse la propria offerta di lavoro in conseguenza della tassazione, egli soffrirebbe comunque una perdita, avendo un ammontare di reddito inferiore a disposizione e dovendo di conseguenza ridurre il proprio livello di consumo attuale o futuro.

Lo stesso effetto si verifica nel caso di un'imposta sui consumi, che ridurrebbe la quantità di consumo attuale desiderata dal contribuente, determinando una diminuzione di benessere.

Ne consegue il rischio che l'imposta riduca la quantità di benessere nella società.

Il concetto appena evidenziato può essere proposto anche nella seguente prospettiva: in una società senza imposte l'operare del libero mercato fornisce la quantità di equilibrio di beni e servizi determinata dall'incontro della domanda da parte degli acquirenti e dell'offerta da parte dei fornitori.

Qualora nel sistema del libero mercato venga introdotta un'imposta che grava sul prezzo dei beni e servizi scambiati, per effetto di essa aumenterà il prezzo pagato dai consumatori e si ridurrà il prezzo percepito dai fornitori e ciò indipendentemente dal fatto che l'imposta colpisca formalmente gli uni o gli altri.

Il suddetto divario tra il prezzo pagato dai consumatori ed il prezzo percepito dai fornitori viene definito *"Tax wedge"* e determina la riduzione della quantità di merce scambiata, sicché in un mercato soggetto a tassazione la quantità di merce scambiata è inferiore rispetto a quella scambiata in un mercato libero da tassazione.

Quindi una tassa applicata ad un mercato riduce i benefici derivanti dagli scambi sia per i consumatori sia per i fornitori e tale riduzione, che peraltro supera il gettito dell'imposta percepito dal Governo, è stata denominata *"Deadweight loss"* oppure *"Excess burden"*.

I principi appena descritti si applicano a tutti i tipi di beni e servizi quindi anche alla manodopera, che può infatti essere considerata come un bene di scambio considerato che gli imprenditori creano la domanda e i prestatori creano l'offerta.

La visione fornita finora dei problemi di *"Deadweight loss"* o *"Excess burden"* è tuttavia parziale in quanto limitata ai soli effetti derivanti dalle imposte, una visione completa non può invece prescindere anche dall'analisi dei beni e dei servizi pubblici che vengono resi disponibili grazie al gettito fornito dalle imposte.

L'ammontare della perdita secca ("*Deadweight loss*" o "*Excess burden*") dipende dal grado di elasticità della domanda e dell'offerta, vale a dire dalla capacità della domanda e dell'offerta di modificarsi al variare del prezzo. Se l'offerta è anelastica, la perdita secca è contenuta e viceversa se l'offerta è elastica la perdita secca è maggiore. Stesse considerazioni valgono per la domanda. Ne consegue che se l'offerta di lavoro è elastica, la perdita secca dovuta all'imposta sarà rilevante.

Dalle considerazioni appena svolte sono state tratte giustificazioni insolite e scarsamente giustificabili sul lato pratico come la "*Ramsey tax*".

Tra gli elementi che possono determinare l'elasticità dell'offerta di lavoro possono essere individuati in particolare: la flessibilità degli orari, redditi derivanti da fondi pensione, redditi derivanti da attività illegali e la forte tentazione di godere del tempo libero (ad esempio per i genitori di bambini piccoli).

Nonostante le suddette considerazioni siano corrette è necessario evitare di trarre conclusioni affrettate, soprattutto nel senso di ritenere che l'impatto complessivo del sistema fiscale sia la riduzione del livello complessivo di benessere nella società.

Tale conclusione sarebbe infatti valida solamente ignorando il benessere creato dal consumo di beni e servizi pubblici da parte del contribuente, ovvero supponendo che il beneficio apportato alla collettività dai beni e dai servizi pubblici in cambio dell'imposta sia pari o inferiore alla perdita secca dalla stessa determinata.

Tale ipotesi è tuttavia un assurdo, infatti perchè dovremmo accettare di pagare una somma di denaro (a titolo d'imposta) quando il beneficio che ne ricaviamo ha un valore inferiore al pagamento effettuato?

È vero al contrario che il contribuente è pronto a pagare un'imposta solo quando ne ritrae un beneficio di valore superiore al pagamento effettuato, vale a dire quando i

beni e i servizi pubblici offerti grazie alle imposte riscosse non possono essere prodotti dai medesimi contribuenti o reperite nel libero mercato privato. Senza un siffatto tipo di vantaggio il contribuente non avrebbe alcun interesse a stipulare quel contratto sociale che giustifica l'esistenza stessa della tassazione. Infatti è possibile dimostrare che qualora il governo sia efficiente il pagamento dell'imposta solitamente aumenta il benessere collettivo.

Si supponga che in una società senza governo e priva di imposte un individuo dedichi 8 ore al lavoro, 8 ore a riposo e sostentamento e le restanti 8 alla protezione della famiglia e della proprietà. Si supponga poi che venga formato un governo e che l'individuo stipuli con questo governo un contratto sociale in forza del quale, in cambio del pagamento di un'imposta pari al compenso per 4 ore lavorative, il governo garantisca all'individuo il riconoscimento giuridico dei suoi diritti di proprietà fornendo anche i servizi di sicurezza.

In questa ipotesi quindi l'individuo in cambio del pagamento di un'imposta pari alla retribuzione di 4 ore di lavoro guadagna 8 ore, perchè non deve più preoccuparsi di proteggere la famiglia e i suoi beni.

La fornitura di beni e servizi pubblici comportano inoltre esternalità positive, come sostenuto 150 anni fa dallo studioso tedesco L. Von Stein uno dei principali obiettivi della tassazione è quello di restituire, tramite l'amministrazione del gettito, una forma di capitale ai contribuenti.

In conclusione il contribuente accetta di pagare le imposte che soddisfano il requisito dell'efficienza, a tal fine il beneficio che esso ritrae dal pagamento dell'imposta deve essere superiore alla perdita secca, altrimenti è addirittura dubbio che l'imposta abbia una giustificazione economica, politica ed anche costituzionale.

Non è semplice però fornire argomenti legali, e costituzionali in particolare, che contrastino le imposte inefficienti come appena sopra definite, soprattutto per la difficoltà nel quantificare il valore di mercato dei servizi pubblici. Se ne potrebbe dedurre quindi che il processo decisionale su quali beni pubblici fornire dovrebbe essere sottratto a un controllo di costituzionalità, anche se non può escludersi il contributo di un tale controllo alla revisione delle leggi fiscali esistenti.

Un tale approccio potrebbe preparare la strada ad un approccio costituzionale al problema della giustificazione dell'imposizione, individuando quali imposte sono o non sono accettabili.

3) La necessità di un sistema fiscale a basi imponibili multiple

Nella letteratura della finanza pubblica si è dimostrato un fenomeno significativo: basandosi su calcoli empirici e matematici, gli studiosi sostengono che un aumento delle aliquote fiscali determina un aumento al quadrato della perdita secca, sicché raddoppiando l'imposta la perdita secca quadruplica: ne consegue che la perdita secca marginale per ogni ulteriore dollaro riscosso supera la perdita secca media.

Si supponga infatti che la perdita secca media per ogni dollaro riscosso sia pari a 0,18$, mentre la perdita secca marginale per ogni ulteriore dollaro sia pari a 0,32$. Il costo sociale di ogni dollaro generato da un progetto pubblico sarà il dollaro stesso più la perdita marginale di 0,32$, sicché i beni e i servizi pubblici forniti con tale imposta devono produrre un beneficio marginale maggiore di 1,32$ se si vuole ottenere un miglioramento del benessere.

Da quanto appena argomentato è possibile trarre due conclusioni: la prima, per cui è possibile la perdita secca prodotta da una determinata tassa; la seconda per cui quando il governo necessita di una certa quantità di entrate è preferibile adottare un sistema di tassazione a basi imponibili ampie ed aliquote basse, piuttosto che viceversa.

Tuttavia alcuni economisti contestano questa seconda conclusione, infatti secondo una teoria nota come *"Theorem of the invariance of tax incidence"* qualsiasi tipo di imposta, sia essa sul reddito, sugli utili o sui consumi, ha un effetto indipendente sul mercato a prescindere dal soggetto tenuto al pagamento.

4) Imposizione fiscale ottimale di Ramsey

La regola della imposizione fiscale ottimale di Ramsey mira a ridurre al minimo la perdita secca. Considerato che la perdita secca è legata alla elasticità della domanda e dell'offerta di beni e servizi, assoggettare ad aliquote più elevate quei beni e servizi la cui domanda ed offerta è anelastica determinerà una perdita netta inferiore. L'applicazione della regola di Ramsey potrebbe quindi un livello di imposizione sui beni e servizi di prima necessità superiore al livello di imposizione sui beni di lusso, il che sarebbe inaccettabile dal punto di vista sociale e dell'equità del sistema.

5) L'aliquota d'imposta ottimale - La curva di Laffer

Un'altra interessante teoria nello studio dell'efficienza dei sistemi fiscali è stata proposta dall'economista americano A. Laffer, il quale sosteneva che l'aumento della pressione fiscale non sempre comporta un aumento del gettito, quest'ultimo al contrario potrebbe diminuire.

Laffer sosteneva che il gettito d'imposta è pari a 0 quando le aliquote sono pari allo 0% o al 100% del reddito, nell'intervallo tra 0% e 100% esiste invece un'aliquota d'imposta in grado di massimizzare il gettito.

Infatti se le aliquote superano un certo limite i contribuenti che si comportano secondo la logica costi-benefici, dovrebbero o ridurre le loro attività economiche o spostarne una parte nell'economia sommersa, la questione centrale è quindi quella di individuare il livello di aliquota ottimale che massimizza il gettito dell'imposta.

Si possono proporre due critiche avverso la teoria di Laffer, prima di tutto è dubbio che il gettito sia effettivamente pari a zero per aliquote pari al 100% e in secondo luogo sono pochi gli studi empirici e nessuno definitivo che abbiano portato ad individuare il punto di massimo gettito nell'economia reale.

Secondo il matematico americano M. Gardner la curva reale corrisponde alla curva originaria di Laffer solamente agli estremi, collassando al centro in una forma caotica.

D. Teorie finanziarie

Le teorie finanziarie sono un insieme di dottrine, studi e concetti, utilizzati per comprendere la finanza ed il suo ruolo nel funzionamento dei mercati, delle imprese e nelle scelte degli investitori, in particolare ai nostri fini saranno rilevanti i concetti di imprese ed interesse.

1) Imprese e famiglie

Gli individui esercitano attività economiche allo scopo di ottenere beni e servizi che consentano all'individuo medesimo ed ai membri della sua famiglia di soddisfare i propri bisogni, non solo materiali ma anche intellettuali, e di godere di un tenore di vita in linea con le loro aspettative.

A prescindere dalle definizioni legali e terminologiche, gli studi di economia dividono gli attori che operano sul mercato in due categorie:

1. Coloro che creano ricchezza, vale a dire le imprese e
2. Coloro che consumano o risparmiano (in vista di un consumo futuro), vale a dire le famiglie.

Possiamo quindi vedere che la tassazione sul reddito delle imprese (sul lato della fonte della ricchezza) equivale alla tassazione delle famiglie (sul lato del consumo).

Da questo punto di vista i prestatori vengono considerati parte dell'impresa, da ciò deriva il concetto di *"Dual capacity"* del prestatore di lavoro come contribuente.

L'impresa è costituita da un sistema di contratti che mirano a disciplinare le relazioni tra gli individui e tale entità al fine di produrre il reddito nel modo più efficiente possibile. L'impresa è costituita da tutti coloro che hanno investito nel processo di produzione del reddito e si aspettano un ritorno da tale investimento, sicché le parti contraenti nei suddetti contratti saranno tutti coloro che in vario modo prendono parte al processo di produzione del reddito.

Tali soggetti saranno in primo luogo coloro che hanno partecipazioni nell'azienda, anche in forma azionaria, e per questo ne sono i proprietari in senso legale e aspettano di riceverne i dividendi, gli istituti di credito che concedono prestiti e aspettano di riceverne gli interessi, i proprietari di beni immobili, mobili o immateriali che li concedono in affitto o in godimento all'impresa e, infine, gli stessi dipendenti che forniscono lavoro e capitale umano in cambio della retribuzione.

Tutti questi soggetti hanno interesse a che l'impresa ottenga i risultati economici per i quali è stata creata in quanto essi stessi ne trarrebbero un vantaggio economico: il reddito prodotto dall'impresa viene infatti distribuito ai soggetti che entrano in relazione con essa sotto forma di dividendi, *royalties*, canoni di locazione, stipendi e salari, come forma di pagamento dei fattori della produzione da essa ricevuti.

Una migliore comprensione del concetto d'impresa è utile al fine di analizzare problematiche fiscali complesse, come la tassazione degli scambi commerciali o la determinazione della base imponibile nella determinazione del reddito impresa, nonchè i problemi legati alla tassazione dei prestatori di lavoro subordinati, al problema della loro *"Dual capacity"* e alla limitazione alla deducibilità delle loro spese e, infine, alla tassazione delle attività internazionali.

2) Timing e interessi

La comprensione di alcune delle regole di base di un sistema fiscale richiede la necessaria comprensione del fenomeno degli interessi, che svolgono un ruolo fondamentale nel settore degli affari e dell'economia. Gli interessi rappresentano peraltro uno strumento efficace per la valutazione della redditività degli investimenti, per valutare il valore attuale dei beni aziendali e quello futuro nonchè per regolare la l'attività economica di una nazione attraverso la politica monetaria.

La comprensione della natura degli interessi e della logica che ne giustifica l'esistenza, fornisce la capacità di comprendere ed analizzare anche problemi fiscali complessi, come la definizione di reddito, la distinzione tra dividendi e plusvalenze, la classificazione dei redditi nelle diverse categorie, la deduzione delle spese sostenute nell'esercizio delle attività economiche con particolare riguardo agli ammortamenti.

Secondo il famoso epigramma di B. Franklin "Nulla è certo tranne la morte e le tasse"; tuttavia i teorici dell'economia sarebbero probabilmente d'accordo per aggiungere ai due precedenti un altro elemento: il tempo.

Infatti essendo certe sia la morte che le tasse l'unica alternativa possibile per il contribuente è cercare di rinviare il più possibile nel tempo il loro verificarsi, pertanto perlomeno per quanto riguarda la tassazione il tempo ha un ruolo fondamentale nella formazione del diritto tributario e nella pianificazione fiscale.

Nella pratica vale infatti la semplice regola secondo cui *"A tax deferred is a tax saved"*, fondata sulla considerazione che il contribuente trae un vantaggio dal differimento del pagamento delle imposte.

Gli interessi rappresentano la relazione tra il tempo ed il denaro, il denaro infatti ha un costo e la frase comunemente nota "il costo del denaro" svolge una doppia funzione: una attuale ed una potenziale.

La funzione attuale è costituita dal prezzo pagato per l'utilizzo del denaro altrui, mentre la funzione potenziale rappresenta i profitti derivanti dagli investimenti e misura il valore dell'investimento anche in rapporto alle possibili alternative. La funzione potenziale attribuisce un valore monetario al tempo, gli interessi infatti misurano il valore delle somme di denaro ricevute in un dato periodo di tempo ed il valore attuale di una somma di denaro che riceveremo in futuro prende il nome di capitalizzazione.

Gli interessi permettono di determinare il valore degli asset dell'impresa in ragione della capitalizzazione del reddito che produrranno in futuro e permettono un confronto tra i flussi di redditi prodotti in tempi diversi e di determinare il valore monetario di differimento delle attività.

La conoscenza degli interessi aiuta anche a comprendere la differenza tra dividendi e *capital gain*, ad individuare gli oneri finanziari deducibili dal reddito imponibile, a determinare la differenza reale tra proventi e oneri finanziari ed anche quella immaginaria considerando l'inflazione come onere finanziario.

Inoltre conducendo analisi accurate basate sul tasso d'interesse è possibile comprendere la ragione della detrazione immediata concessa sugli investimenti di capitale e la ragione per cui, a determinate condizioni, tale deduzione è equivalente all'esenzione sui redditi prodotti dall'investimento.

Infine, comprendere il significato di interesse aiuta a comprendere appieno la differenza tra ricchezza netta, reddito e consumo come basi imponibili.

E. Contabilità

La contabilità è una disciplina complessa che consente di misurare ed interpretare i risultati delle attività economiche e finanziarie, con l'obiettivo di comunicare tali risultati agli stessi imprenditori, alle autorità e anche al pubblico.

La contabilità ha una rilevanza fondamentale anche nel diritto tributario in quanto su di essa sono basati alcuni elementi tipici della tassazione, come la tassazione del reddito d'impresa che deriva dalle scritture contabili, o la dichiarazione dei redditi.

Per mezzo della contabilità è possibile valutare in termini monetari le attività dell'impresa, compresi e redditi e le spese ed anche i beni e servizi venduti ed acquistati, il sistema della contabilità dell'impresa va a comporre infine lo stato patrimoniale ed il conto economico.

La contabilità finanziaria è un settore della contabilità che si occupa di registrare, riassumere e comunicare, all'impresa stessa e al suo esterno le informazioni finanziarie relative all'attività dell'impresa.

Al contrario le informazioni derivanti dal controllo di gestione vengono utilizzate solamente all'interno dell'impresa ed allo scopo di migliorarne la gestione. Pertanto tali informazioni saranno accessibili solo da coloro che hanno la responsabilità della gestione dell'impresa.

La contabilità fiscale è quella contabilità necessaria per rispettare le norme tributarie.

Dal momento che la contabilità ha lo scopo di comunicare informazioni, essa può essere equiparata ad un linguaggio e deve pertanto essere fondata su standard noti ed accettati. Nonostante ogni singolo Paese disciplini con proprie norme la contabilità all'interno del proprio territorio, negli ultimi anni la maggior parte dei paesi occidentali ha adottato principi contabili comuni elaborati dall'*International Accounting Standards Board* e denominati *International Financial Reporting Standards*.

Le convenzioni contabili più rilevanti ai fini fiscali sono le seguenti:

1. L'obbligo di dichiarazione (*Disclosure*), significa l'obbligo di rappresentare in bilancio tutti i fatti rilevanti della gestione, che non significa la divulgazione completa

di ogni fatto di gestione ma solo di quelli che interessano a creditori, proprietari ed investitori.

2. Coerenza (*Consistency*), il principio di coerenza richiede omogeneità esercizio dopo esercizio nei metodi di valutazione adottati per valutare le poste in bilancio allo scopo di consentire valutazione comparative dei risultati dell'impresa nei diversi esercizi. Le imprese sono tenute a comunicare le ragioni che le hanno portate a modificare i propri criteri di valutazione.

3. Coordinamento (*Matching*), in forza del principio di coordinamento deve sussistere una relazione tra le spese dell'impresa e i profitti prodotti nell'esercizio.

4. Prudenza (*Conservatism*) il principio della prudenza significa che i redattori del bilancio dell'impresa dovranno sottostimare i ricavi e sovrastimare le perdite

5. Costo Storico (*Historical cost*) il principio del costo storico comporta che i beni devono essere valutati al costo originario, tale principio comporta, in periodi di inflazione elevata, problemi e necessità di aggiustamenti contabili. In seguito questo criterio è stato progressivamente sostituito dal *Fair value* (valore corretto)

6. Peraltro i principi prudenza e del costo storico hanno perso rilevanza nelle imprese che adottano i principi contabili IFRS, in quanto tali principi prevedono differenti metodi di valutazione.

Al fine di verificare la correttezza e l'integrità delle scritture contabili e del bilancio d'esercizio le imprese sono tenute ad effettuare un c.d. *audit finanziario*, che consiste in una verifica condotta da soggetti terzi (revisori contabili o società di revisione) sulla correttezza della contabilità e dei documenti dell'impresa.

9 780244 064655